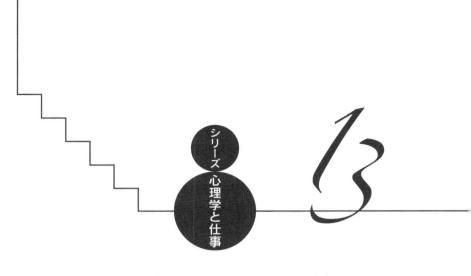

シリーズ 心理学と仕事 13

スポーツ心理学

太田信夫 監修
中込四郎 編集

北大路書房

主に活かせる分野／凡例

医療・保健	 福祉・介護	教育・健康・スポーツ
 司法・矯正	産業・労働・製造	 サービス・販売・事務
IT・エンジニア	研究・開発・クリエイティブ	建築・土木・環境

監修のことば

> いきなりクエスチョンですが，心理学では学会という組織は，いくつくらいあると思いますか？
>
> 　　　　　10？　20？　30？　50？
>
> 　　　　　　　　　　　　　　　　　　　　（答 ii ページ右下）

　答を知って驚いた方は多いのではないでしょうか。そうなんです。心理学にはそんなにもたくさんの領域があるのです。心理学以外の他の学問との境界線上にある学会を加えると 100 を超えるのではないかと思います。

　心理学にこのように多くの領域があるということは，心理学は多様性と必要性に富む学問である証（あかし）です。これは，心理学と実社会での仕事との接点も多種多様にさまざまであることを意味します。

　折しも心理学界の長年の夢であった国家資格が「公認心理師」として定められ，2017 年より施行されます。この資格を取得すれば，誰もが「こころのケア」を専門とする仕事に従事することが可能になります。心理学の重要性や社会的貢献がますます世間に認められ，大変喜ばしい限りです。

　しかし心理学を活かした仕事は，心のケア以外にもたくさんあります。私たちは，この際，心理学と仕事との関係について全体的な視点より，整理整頓して検討してみる必要があるでしょう。

　本シリーズ『心理学と仕事』全 20 巻は，現代の心理学とそれを活かす，あるいは活かす可能性のある仕事との関係について，各領域において検討し考察する内容からなっています。心理学では何が問題とされ，どのように研究され，そこでの知見はどのように仕事に活かされているのか，実際に仕事をされている「現場の声」も交えながら各巻は構成されています。

　心理学に興味をもちこれからそちらへ進もうとする高校生，現在勉強中の大学生，心理学の知識を活かした仕事を希望する社会人などすべての人々にとって，本シリーズはきっと役立つと確信します。また進路指導や就職指導をしておられる高校・専門学校・大学などの先生方，心理学教育に携わっておられる先生方，現に心理学関係の仕事にすでについておられる方々にとっても，学問と仕事に関する本書は，座右の書になることを期待していま

す。また学校ではテキストや参考書として使用していただければ幸いです。

　下図は本シリーズの各巻の「基礎－応用」軸における位置づけを概観したものです。また心理学の仕事を大きく分けて，「ひとづくり」「ものづくり」「社会・生活づくり」とした場合の，主に「活かせる仕事分野」のアイコン（各巻の各章の初めに記載）も表示しました。

　なお，本シリーズの刊行を時宜を得た企画としてお引き受けいただいた北大路書房に衷心より感謝申し上げます。そして編集の労をおとりいただいた奥野浩之様，安井理紗様を中心とする多くの方々に御礼を申し上げます。また企画の段階では，生駒忍氏の支援をいただき，感謝申し上げます。

　最後になりましたが，本書の企画に対して，ご賛同いただいた各巻の編者の先生方，そしてご執筆いただいた 300 人以上の先生方に衷心より謝意を表する次第です。

監修者
太田信夫

(答 50)

はじめに

　コールマン・グリフィス（Griffith, C.）が 1925 年にアメリカのイリノイ大学において競技実験室を開設したと伝えられています。それはその後のスポーツ心理学の発展にとって大きな意味をもちました。つまり，スポーツ心理学を専門とする彼が所属大学の中に実験室を開設し，学生指導にあたったことによって，スポーツ心理学の後継者養成や研究活動の広がりや深まりに大きく貢献したと考えられます。彼は主として競技スポーツにおけるコーチやアスリートの行動分析やパフォーマンスに影響する心理要因について研究をしました（猪俣，2008）。そして彼は大学の実験室にどどまることなく，プロ野球チーム（シカゴカブス）の選手に対する心理面からのサポートを実践しており，それらの経験をもとに『コーチングの心理学』（1926 年）や『競技の心理学』（1928 年）を著しました。彼のこうした功績を評して，「スポーツ心理学の父」あるいは「アメリカにおける最初のスポーツ心理学者」と彼を紹介する者もいます。

　同時期の 1924 年にわが国では，文部省の体育研究所（その後，東京体育専門学校，東京教育大学体育学部，そして現在の筑波大学体育専門学群と校名変更がなされる）が開設され，そのスタッフの 1 人であった松井三雄がドイツでの留学経験を経て，同研究所において実験心理学や運動学の流れを汲んだ応用心理学の立場から研究を推進したといわれています。当時の彼は，スポーツ心理学を身体的最高能率を発揮するに必要な条件を心理学的に研究するものと位置づけ，わが国における体育・スポーツ心理学的研究の基盤づくりに貢献しました（猪俣，2008）。そしてその後は，松田岩男や藤田厚が舵取りとなり，日本のスポーツ心理学を推進していきました。

　また，今日アスリートの競技力向上や実力発揮を目的とした心理スキルの指導を行うメンタルトレーニング，あるいは心理スキルトレーニングの源泉（ルーツ）となった 1950 年代のソビエト連邦（旧ソ連）における宇宙飛行士の養成訓練もまた，その後のスポーツ心理学の発展において重要なできごととして位置づけられるようです。地上の環境とは大きく異なる宇宙空間において飛行士が作業を的確に遂行するために，彼らへの心理面からのトレーニングが試みられました。そこではおもに，呼吸の調整や緊張・不安などの

心理的自己統制能力の向上が目指されました。そしてそこでの経験が，その後，旧ソ連や旧東ドイツを中心として，アスリートやコーチらの心理面の強化を目的とした具体的なトレーニング方法の開発へとつながっていったようです。

このようにスポーツ心理学が周囲からの期待に応えていったのは，競技スポーツのパフォーマンス発揮との関連から始まっていきました。現在においても，スポーツ心理学と競技スポーツとのつながりの強いことには変わりありませんが，本書でも紹介されるように，教育，健康，医療，福祉，障がい等の領域においても，スポーツ心理学での知見や方法が活かされるようになってきました。一部のスポーツ心理学関係者は，体育・スポーツ現場での心理サポートを実践するようになり，スポーツ心理学の社会的認知が高まると同時に，専門的働きかけにおける責任を強く自覚するようになっていきました。こうした状況により，スポーツメンタルトレーニング指導士（日本スポーツ心理学会認定）や認定スポーツカウンセラー（日本臨床心理身体運動学会認定）などの専門資格の制度化がなされました。まだわずかではありますが，それらの資格保有者の一部は，専門性を活かした起業や職場を得るようになってきました。さらに，一部のスポーツ集団（チーム）そしてトップクラスのアスリート個人が，スポーツ心理学の専門家とのサポート契約を交わすようにもなってきました。

アスリートへの心理サポート実践の成果，特にメンタルトレーニングの方法は，一般の人たちのストレスマネジメントや，一部の演奏家や舞台俳優からも注目され，利用されるようになりました。さらに，高齢化社会を迎え，中高齢者の健康の維持増進やQOLの向上に及ぼす身体活動の心理的効果にも注目が集まるようになり，スポーツ心理学関係者の実践の場が拡大されつつあります。特に，運動の心理的効果が実証されていても，一般の人たちにとってその効果を得るまで運動を継続していくことは容易ではありません。そのために，中高齢者の運動指導では，運動継続へのモチベーションを中心としたスポーツ心理学領域での研究成果が活かされ，スポーツ心理学の専門家が関わるようになってきました。

周知のように，2020年に東京オリンピック・パラリンピックが開催されることになりました。スポーツ科学領域の研究・実践を推進していく上で，これまでのオリンピックは，開催国にとって大きなチャンスとなってきました。1964年の東京オリンピック開催にあたって，スポーツ心理学では，日

本の代表選手の「あがり対策」が主要な課題となり，競技スポーツの心理面からの研究・実践が推進されました。それから50数年が経過しても，国家的行事に求めてきた国民のメダル獲得への関心は，引き続き高いものと予想されます。しかし，今日のオリンピックムーブメントでは，競技スポーツだけでなく，教育，健康，文化，福祉，他の領域の発展にも貢献することが期待されています。したがって，2020年の東京オリンピック・パラリンピックの開催に向けて，競技力向上に資するだけでなく，スポーツ活動を通しての人間理解や心身の健全な成長・発達を促すことに寄与できるよう，スポーツ心理学領域の研究活動においても，幅広い充実が望まれていくのではないかと考えています。

　最後に，スポーツ心理学と仕事をテーマとする本書の構成（職域）について簡単に述べます。ここでは大きく次のような職域で活躍されている方を執筆者として登場していただくことにしました。

①トップアスリートの心理サポート機関
②大学機関においてスポーツ心理学の専門性を活かした教育指導や学生アスリートの心理サポートの担当
③スポーツ心理学の知見を活かした異なる専門職（トレーナー，野外運動指導，健康運動指導）
④(現時点でのその数は極めて少ないが) スポーツ心理学を基盤とした起業

以下の章では，各職域との関連性が強いスポーツ心理学における研究成果を中心に紹介いただき，スポーツ心理学がどのような仕事に，そしてどのようにつながっていくのかを理解いただけることを願っています。

編　者
中込四郎

目　次

監修のことば　i
はじめに　iii

第1章　スポーツ心理学へのいざない　1
1節　スポーツ心理学とは何か　1
2節　日本スポーツ心理学会が設立されるまで　3
3節　わが国のスポーツ心理学研究の動向　6
4節　スポーツ心理学の課題：展望にかえて　10

第2章　トップアスリートの心理サポート　15
1節　トップアスリートとは？　15
2節　トップアスリートを支援し，競技力向上の研究をする施設　15
3節　JISSスポーツ科学部の中の心理グループについて　17
4節　心理サポートに関する研究について　17
5節　世界で戦う，トップアスリートの心理サポートについて　18
6節　華やかなものの「裏」にあるもの　27
7節　2020年東京オリンピック・パラリンピックに向けての準備　28

● 現場の声1　競技スポーツ分野で働くための，心理サポートに関する資格……30

第3章　体育系大学における心理サポート機関　33
1節　体育系大学における学生支援　33
2節　心理サポート活動の実際　37
3節　体育系大学における心理サポート機関の課題　43

● 現場の声2　スポーツカウンセリングルームの運営……………………45

第4章　受傷アスリートへの心理サポート　49
1節　スポーツ傷害とスポーツ心理学　49
2節　スポーツ傷害による心理・身体的影響　50
3節　受傷アスリートの情緒的変容　52
4節　スポーツ傷害のもつ意味　55
5節　受傷アスリートへのソーシャルサポート　58

● 現場の声3　受傷アスリートの心理相談……………………………60

第5章　スポーツ心理学を活かした私設開業　65
1節　開業者の専門領域　65

         2節　事業内容　　67
         3節　私設開業に関する今後の未来　　73

   第6章　女性アスリートの心理支援の現状と課題　　75
         1節　実態に即した女性アスリート支援のための調査研究　　75
         2節　日本および海外での事例　　80
         3節　女性アスリートのカウンセリングから　　82
         4節　仕事との関係　　87

   第7章　健康づくりの現場とスポーツ心理学　　89
         1節　スポーツ心理学と健康づくり　　89
         2節　スポーツ心理学者が取り組む健康づくりの仕事　　96

       ● 現場の声4　従業員の心の健康をつくる仕事……………………………102

       ● 現場の声5　チーム医療の一員としてのスポーツ心理学者……………104

   第8章　心理治療的キャンプにおけるキャンプカウンセラーの仕事　　107
         1節　心理治療的キャンプの取り組み　　107
         2節　アドベンチャープログラムを活用した心理治療的キャンプ　　111
         3節　キャンプカウンセリング　　112
         4節　キャンプの効果　　120
         5節　キャンプカウンセラーを目指す　　124

   第9章　幼児教育の現場に活かされるスポーツ心理学　　127
         1節　幼児教育における子どもの発達の視点　　127
         2節　子どもの体力・運動能力の発達　　129
         3節　幼児期の体験の意味するところ　　134
         4節　子どものこころの発達と支援　　138

       付録　さらに勉強するための推薦図書　　145
       文献　　147
         人名索引　　157
         事項索引　　159

第1章
スポーツ心理学へのいざない

1節　スポーツ心理学とは何か

　すでに，スポーツ心理学の歴史の一部を「はじめに」で述べました。スポーツ心理学がスポーツ科学の一領域としていつの時期から認められるようになったかを厳密に定めることは難しいと考えます。その研究領域の始まりを国際学会の設立に求めるならば，それは1965年のイタリアで開催された第1回国際スポーツ心理学会大会開催ということになります。したがってスポーツ心理学の歴史はわずか50年となり，まだ歴史の浅い，若い研究領域といわねばなりません。しかしながら，その後の数十年の間にスポーツ心理学は多様な変化・拡大を遂げていきました。それは研究対象（何を研究するのか）そして研究方法（どのように研究するのか）の拡大・充実でもあります。

　極端な物言いが許されるならば，スポーツ心理学では，本シリーズの「心理学と仕事」で紹介されている20領域の多くと程度の差はあれ，重なりを認めることができます。例えば，筆者の仲間には，生理心理学，発達心理学，臨床心理学，健康心理学等々を，それぞれが専門的関心に基づいて，関連の研究課題に取り組んでいます。もちろん，研究対象（事象）の独自性があり，「スポーツ心理学はスポーツにかかわる事象や問題を心理学の立場から研究する学問」（加賀，1988）と定義されています。

人はさまざまな文脈の中で運動を行っています。運動行動に対する心理学的研究は，どのような文脈の中でそれらが行われているのか，つまり研究対象の違いに応じて，わが国では，運動心理学，体育心理学，スポーツ心理学，健康運動心理学の4つに大別する立場があります。そこでは，運動行動そのもののメカニズムを心理学的に研究するのが運動心理学であり，教育という文脈においては体育心理学，スポーツという文脈においてはスポーツ心理学，そして健康を目的とした運動行動の心理学的研究を健康運動心理学と位置づけています。杉原（2000）は，これらの4つの心理学の関係を図1-1のように示し，「たとえていえば，体育心理学とスポーツ心理学と健康運動心理学は，運動心理学を親とするきょうだいのようなものである」と説明しています。

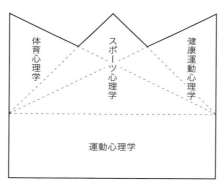

▲図1-1　体育・スポーツ領域における4つの心理学の関係（杉原，2000）

　日本スポーツ心理学会が編纂した『スポーツ心理学事典』（2008）では，大きく8つの領域に括っています。それは，スポーツ運動の発達，スポーツの運動学習，スポーツの動機づけ，スポーツの社会心理，競技の実践心理，スポーツメンタルトレーニング，健康スポーツの心理，そしてスポーツ臨床，です。それらの領域の多くは，学会活動とは別に，さらに独自の研究グループをつくり，研究会開催などが定期的に行われています。

　スポーツ心理学での当初の研究では，先行した心理学領域（親学問とよぶ時代があった）での理論や方法に基づき，研究が行われていま

した。そこでは必然的に，取り組まれる研究課題，方法は，親学問に影響・規定される側面が大きかったようです。しかし，体育・スポーツ現場での研究が積み重ねられていくに従って，現場に役立つ研究が求められ，応えていくようになり，まだまだ十分とはいえませんが，それは同時にスポーツ心理学の独自性の追求・実現へとつながっていきました。こうした取り組みの背景からは，以前，藤永（1999）による「今日の心理学は，方法のために内容を犠牲にするのではなく，研究目標を達成するための豊かな方法を生み育てるという課題に直面している」との指摘が思い出されますが，研究課題の独自性は必然的に独自な研究方法の開発を伴うことになります。

　この過程でのスポーツ心理学の変化に，「教室の心理学から運動場・体育館の心理学」「上半身の心理学から下半身の心理学」あるいは「インプット側の心理学からアウトプット側の心理学」といったような比喩がなされ，スポーツ場面での事象の「生け捕り」とまではいきませんが，現実・現象に近いところでの心理学研究が意識されるようになっていきました。

　さらに最近では，こころと身体の関係（心身相関），学習行動，不安や情動，動機づけ，ストレス，小集団行動，リーダーシップ，などでの研究課題に取り組む場合，運動やスポーツ場面は「自然の実験室」あるいは相応しい研究フィールドとなることが一部で主張されるようになりました。そのため，スポーツ心理学領域からの研究成果が体育・スポーツだけでなく，広く人間理解に寄与するような可能性を秘めているのではないかと考えています。またこうした成果の発信だけでなく，他領域の研究者との学際的研究も可能とするようになってきました。後述のように，学会大会のシンポジウムでは，テーマに沿ってスポーツ心理学領域外からの専門家を招き，話題提供ならびに討議に加わっていただいています。

2節　日本スポーツ心理学会が設立されるまで

　欧米では早くから「スポーツ心理学（Sport Psychology）」との名称が一般的となっていましたが，わが国は異なる歩みをこれまでしてきました。

運動行動に関わるわが国の科学的研究の出発は，その多くが「学校体育」といった文脈の中で行われてきました。1950年に日本体育学会（Japan Society of Physical Education, Health and Sport Sciences）が設立され，その中で研究発表や研究交流がなされてきました。この日本体育学会の傘下に，体育心理学専門分科会を発足させたのが1961年でした。その後，1973年に独立学会として，日本スポーツ心理学会（Japanese Society of Sport Psychology）が設立されました。このような経緯から，それまでのわが国ではスポーツ心理学よりも「体育心理学」の領域名称のほうが一般的でした。このようなことは，体育・スポーツ科学における体育社会学，体育哲学，体育生理学，体育管理学等，他領域においても同様な歴史を歩んでいます。これはこれまで，日本の競技スポーツの発展が，学校運動部活動に大きく依存していたところとも重なります。また，大学での専門教育に携わる学部名称においても，今日では，「スポーツ科学部」「スポーツ健康学部」「健康科学部」「スポーツプロモーション学部」と多様に富んでいますが，それまでは多くの大学が「体育学部」の名称を採用してきたことにも表れています。

　日本の学校体育においては，運動部活動が盛んであり，必然的に，研究対象の1つとしてその部活動でのさまざまな事象に注目する研究が多かったようです。例えば，体育心理学では，集団凝集性・モラール，指導者，運動学習の指導，部活動経験によるパーソナリティ形成，運動部活動での適応・離脱，他がありました。そこには程度の差はあれ，共通して教育的視点が背景にありました。しかしながら，体育という限定された文脈の中ではありましたが，部活動は競技スポーツの活動とかなりの部分が重なっており，体育心理学のもとに行われてきた研究ではありましたが，それらはその後のスポーツ心理学研究とのつながりが既に存在していたともいえます。したがって，スポーツ心理学会のメンバーの多くは，体育心理学専門領域の会員（日本体育学会の法人化に伴い，名称変更している）でもあるのです。こうした歴史的経緯から，昨今では，体育心理学とスポーツ心理学の差異化や個々の独自性の明確化について，会員間で意見交換が行われるようになってきました。さらにこうした新たな課題の背景には，スポーツ科学における「分化と統合」の問題だけでなく，応用科学として位置づ

けられる両研究領域における研究と現場との乖離の問題にもつながりがあるようです。

　日本スポーツ心理学会の設立時の会員数は50名にも満たなかったようですが，その後40数年が経過した現在では，800名以上の会員登録がなされています．特に，スポーツ心理学を専攻する大学院学生の入会が急速に伸びてきています．そして，年1回行われる国内での最近の学会大会におけるプログラムは，口頭発表（20演題），ポスター発表（100演題），その他，学会シンポジウム，自主シンポジウム，ラウンドテーブルディスカッション，ワークショップと多彩に富んでいます．その他，体育・スポーツの心理学研究の発表は引き続き日本体育学会でも精力的に行われており，2016年度の体育心理学専門領域での研究発表は，口頭発表（23）そしてポスター発表（88）が記録されています．14の専門領域に分かれていますが，体育心理学は研究発表数において，いつもベスト3以内に入っております．さらに，近年では，日本心理学会をはじめとして，他の個別の心理学会においてもスポーツ心理学会所属の会員が研究発表やシンポジウムを自主企画するなどがなされています．

　日本体育学会の専門領域とは別に，日本スポーツ心理学会が設立された経緯について，改めて簡単に述べることにいたします．多くの学会と同様に，日本スポーツ心理学会もまた，国内の関連学会とのつながりだけでなく，国際学会とのつながりも強めております．

　先述したように，国際スポーツ心理学会（International Society of Sport Psychology: ISSP）が創設され（1965），その後各国でスポーツ心理学会が創られていきました．ISSPの第1回世界会議に日本からも参加し，その後，当時の会長であるアントネリ（Antonelli, F.）氏より手紙が松田岩男のもとに送られ，「日本でのスポーツ心理学会設立」の要請がなされました．松田よりその要請を伝えられた藤田厚は，早々に，国内のスポーツ心理学関係者によびかけ，発起人会を創ったようです．そして，藤田の勤務する日本大学に事務局を置き，松田を会長として日本スポーツ心理学会は，1973年より活動を開始しました．さらに，第6回ISSP国際大会（1985年）時に，当時の会長であるシンガー（Singer, R.）より藤田に，日本が主導してアジア地区を中心とする学会設立の要請がなされました．その結果，南太平洋の諸

国を含む「アジア南太平洋国際スポーツ心理学会（Asian-South Pacific Association of Sport Psychology: ASPASP）」が設立されました。第7回 ASPASP 大会（2014年）は東京で開催され，23か国，512名の参加により，300件を超える研究発表がなされました。

　その他，国内のスポーツ心理学研究者は，北米スポーツ心理学会（NASPSPA），ヨーロッパスポーツ心理学会（FEPSAC），応用スポーツ心理学会（AASP）等の国際学会において研究発表を行っています。また，アメリカ心理学会（American Psychological Association: APA）の中の47部会としてエクササイズ＆スポーツ心理学（APA Division47）が，1986年より位置づけられるようになりました。スポーツ心理学がスポーツ科学だけでなく，心理学の中でもアイデンティティを得るようになってきました。

3節　わが国のスポーツ心理学研究の動向

　表1-1では，1974年の第1回日本スポーツ心理学会大会からの大会シンポジウムのテーマを記載しました。やや冗長な紹介ですが，各年度の学会大会で企画されたテーマは，その時々のスポーツ心理学領域における重要な研究課題を反映していると受け止められます。学会大会のプログラムの充実に従って，2004年の第31回大会よりシンポジウムは，学会理事会の研究企画担当委員が企画するテーマ（学会企画）と学会大会の主管大学が企画するテーマ（大会企画）の2つが行われるようになっていきました。これまでの2つの企画を振り返ってみると，学会企画のほうは心理学における他領域の研究者にも加わってもらい，その時々のアカデミックな研究の流れを反映したテーマが設定されてきたように感じられます。一方，大会企画では，大会実行委員会委員の関心に基づいて設定されており，より現場に近いところでのテーマ設定がなされてきているようです。

　先述したように，こうした年に1度行われる学会大会での会員向けのシンポジウムは，日本のスポーツ心理学研究者の研究面での関心あるいは研究課題の推移を知る手がかりとなると考えました。それぞれのシンポジウムでは3ないし4名のシンポジストより，テーマに沿った話題が提供され，参加者との意見交換が行われてきました。そこで，

▼表1-1　日本スポーツ心理学会大会におけるシンポジウムのテーマの変遷（日本スポーツ心理学会，2013を改変）

回（年）	シンポジウムテーマ
1（1974）	スポーツ心理学，何のために何が出来るか
2（1975）	競技スポーツと心理学の接点
3（1976）	競技スポーツと心理学の接点（その2）：ボールゲームの種目別にみた作戦と心理的問題
4（1977）	競技スポーツと心理学の接点（その3）：選手の心理的コンディショニングとコーチの機能
5（1978）	大衆スポーツと心理学
6（1979）	スポーツにおける心理学的考察（国際スポーツ心理学会シンポジウム）
7（1980）	スポーツにおける知覚の諸問題
8（1981）	スポーツ技能学習の諸問題
9（1982）	競技スポーツと心理学の接点（その4）：女子選手の心理的コンディショニングと監督・コーチの機能
10（1983）	競技スポーツと心理学の接点（その5）：スポーツ選手の「やる気」の診断と指導
11（1984）	競技スポーツと心理学の接点（その6）：連勝・連敗のメカニズムをさぐる
12（1985）	競技スポーツと心理学の接点（その7）
13（1986）	スポーツ・ファンの心理
14（1987）	競技場面におけるメンタル・マネジメントの問題
15（1988）	スポーツ心理学の将来：今後の課題と方向
16（1989）	スポーツ・タレントの発掘とその養成
17（1990）	子供のスポーツ
18（1991）	ピーク・パフォーマンス前後の心理的調整
19（1992）	女性とスポーツ
20（1993）	スポーツ心理学の役割と課題
21（1994）	スポーツと眼
22（1995）	高齢化社会における中高年者のスポーツ参加とその継続に関する諸問題
23（1996）	冬季種目における心理的問題と科学的トレーニング
24（1997）	スポーツ選手の心理的スキルトレーニングの可能性と課題
25（1998）	スポーツ選手の健康問題を心理学的支援の立場で語る
26（1999）	スポーツ心理学が障害児者スポーツに寄与しうる可能性を探る
27（2000）	スポーツ心理学研究の発想法
28（2001）	競技力向上とジェンダー
29（2002）	運動・スポーツを通して子どもの生きる力を育てる
30（2003）	競技者をサポートする各種専門職の現場でおこっていること
31（2004）	アテネオリンピックと心理サポート〈学会企画シンポジウム1〉 子どもの運動不足をどうするか　習慣作り〈学会企画シンポジウム2〉 プロスポーツ：ジュニア育成のスポーツ心理学〈学会企画シンポジウム3〉 運動学習・運動制御への実践場面からの挑戦〈学会企画シンポジウム4〉 スポーツの相互作用現象から何を読みとるか〈大会企画シンポジウム〉

32（2005）	より良い心理サポートを目指して〈学会企画シンポジウム1〉 学校運動部活動の意味を問う〈学会企画シンポジウム2〉 スポーツ・運動心理学研究のパラダイム・シフト：新しい効用探しと適用の場を求めて〈大会企画シンポジウム〉	
33（2006）	子どもの健康・体力づくりの現状と課題：運動・身体活動量はどのようにして増強するか〈学会企画シンポジウム1〉 運動部活動の意味を問う：地域と育てる・個を育てる〈学会企画シンポジウム2〉 ここまできたわが国のメンタルトレーニング〈大会企画シンポジウム〉	
34（2007）	より良い心理サポートをめざして：メンタルトレーニングとスポーツカウンセリングの融合〈学会企画シンポジウム1〉 運動部活動の意味を問う：社会心理学的観点からの教育的意義〈学会企画シンポジウム2〉 スポーツ心理学の軌跡と展望〈大会企画シンポジウム〉	
35（2008）	Theスポーツ心理学：世界の潮流〈国際シンポジウム〉 脳科学はスポーツ心理学の発展にどのように寄与できるか〈大会企画シンポジウム〉	
36（2009）	誤動作の修正・克服〈学会企画シンポジウムA〉 発達における身体運動の意味：「発達」研究の再検討〈学会企画シンポジウムB〉 スポーツ心理学における意識と無意識：潜在脳機能，情動行動，社会心理からみた非意識的過程，そのスポーツへのかかわり〈大会企画シンポジウム〉	
37（2010）	運動行動における自律と自立〈学会企画シンポジウム〉 個と集団における変動と安定〈大会企画シンポジウム〉	
38（2011）	スポーツにおける運動イメージの研究成果と課題〈学会企画シンポジウム〉 心理サポート研究の課題と展望：オリンピック・パラリンピック選手への心理サポートから〈大会企画シンポジウム〉	
39（2012）	スポーツ活動の情動的感情の発現と制御に関する研究〈学会企画シンポジウム〉 スポーツと伝統技能における技の獲得・伝承：動きの美しさ，卓越さの獲得と意識・無意識の関わり〈大会企画シンポジウム〉	
40（2013）	わが国のスポーツ心理学研究の展望〈学会企画シンポジウム〉 指導法の問題を改めて問う〈大会企画シンポジウム〉	
41（2014）	体罰・暴力なきスポーツ指導を実現するために〈学会企画フォーラム〉	
42（2015）	感性学のスポーツ心理学への応用・展開を考える〈学会企画シンポジウム〉 チームづくりにおける指導者の仕事とは：選手発掘から育成まで〈大会企画シンポジウム〉	
43（2016）	スポーツ心理学の多様な社会貢献〈学会企画シンポジウム〉 こころと身体をつなぐ接点〈大会企画シンポジウム〉	

これまでの学会大会でのシンポジウムを大まかに振り返ってみます。
　第1回のシンポジウムテーマでは本学会が今後どのような側面からスポーツ活動へ貢献すべきか，またその可能性について話題が提供され，会員との間で意見交換が行われました。その後は，「競技スポーツと心理学の接点」と題して，競技スポーツにおける心理的問題・課題について企画され，途中，運動学習領域のテーマが2年程間に入り，都合，7回にわたって同種のテーマが取り上げられました。第6回大会（1979年）ならびに35回大会（2008年）では，諸外国からの研究者を招き，「国際シンポジウム」が開催されました。
　そしてその後は，競技スポーツでの課題だけでなく，スポーツ教育，健康スポーツ，障がい者スポーツなどに対象を拡げていきました。また同時に，スポーツ心理学者が競技スポーツ現場との接点が強くなっていくに従って，他専門職種（トレーナー，コーチ，栄養士）との連携の必要性を強く自覚するようになり，第30回大会のような「競技者をサポートする各種専門職の現場で起こっていること」といったテーマが組まれるようになりました。また，現場との連携は，必然的に，「現場で役に立つスポーツ心理学研究とは何か」を模索するテーマ設定へとつながっていきました。そのために，学会員は競技スポーツの主役である高い競技レベルでの経験をもつアスリートや指導者をシンポジストとして招き，話をしてもらう機会が増えていきました。彼らの貴重な経験や要望から学会員は研究課題を導いたり，そしてそこでは現場で求められる有効な心理サポートを模索するために，シンポジウムでは指定討論者の役割もまた重要となりました。
　近年では，オリンピックや世界選手権大会の出場選手の心理サポートが，国立スポーツ科学センター（Japan Institute of Sports Sciences: JISS）の心理スタッフを中心に行われるようになりました。そしてそこでの実践経験が話題提供されるようになり，サポートの具体的な事例に基づいて，現場から望まれる心理サポート内容の明確化やより有効な心理サポートのあり方が検討されるようになりました。またそれと前後して，アスリートやコーチを対象の中心とした心理サポート担当者の資格認定制度の問題が浮上していきました。この辺りについては［現場の声1］の中で詳細が述べられています。いずれにせよ，スポーツ心理学がアスリートの心理サポートを中心に，現場との関わり

を強くしていくに従って，倫理的な問題あるいは社会的責任をこれまで以上に，関係者は自覚しながら取り組まねばならなくなりました。こうした問題・課題に対しては，先行する心理臨床やカウンセリング学会，他に倣いつつ，明文化そして実践していくことになります。

また，日本での競技スポーツは，学校での運動部活動を中心とする場合が多いのですが，数年前，教師である指導者の体罰問題が社会問題となったことがありました。最近では，この体罰問題に関して，指導者育成という観点からも，シンポジウムのテーマとして取り上げられています。つまり，スポーツ心理学には個々のアスリートやチームのパフォーマンス向上だけでなく，指導者のスキルアップにおいても重要な役割を果たしていくことが期待されています。

4節　スポーツ心理学の課題：展望にかえて

周囲からのスポーツ心理学への期待や要求は，競技スポーツの心理学だけでは十分とはいえません。先述したAPAの中に47部会のエクササイズ＆スポーツ心理学の設置からも伝わるように，そこでは，人の身体活動や運動行動も包含しているようです。さらに，スポーツ心理学の研究が最終的には現場で活かされることを目指すにしても，応用実践的研究だけで十分とはいえません。幸い，スポーツ心理学領域では，基礎的研究と位置づける研究もかなり行われています。共通しているのは，広義のスポーツ活動における「こころ」を扱っているということです。しかし，「こころ」は物として存在せず，直接触れることができず，その働きを手がかりとして理解していくことになります。こころには匂いや色や形があるわけではありません。スポーツ心理学はこのような捉えどころのない，厄介な「こころ」を研究しているともいえます。したがって，心理学全般に通ずることとして，他よりも多様な研究方法（例えば，実験，調査，面接，観察，検査，他）を用いねばならなくなります。

人をよりよく理解するためには，上から，下からそして横から，時には斜めからといったようにいろいろな角度，水準から眺める必要があります。それは個々の研究方法についてだけではなく，基礎・応用研究にもいえることです。つまり，両者の補完的な位置づけを保ちな

がら，どのような応用実践的問題とのつながりをもつ基礎研究か，そして基礎的知見を踏まえた応用研究であるのかを，それぞれに自覚しながら取り組むことが望まれます。

　筆者は応用研究を志向する立場にあり，スポーツ心理学，運動学，スポーツ教育学，コーチング学，スポーツ医学等を中心とした領域横断的研究領域として「臨床スポーツ心理学」を提案しました（中込，2013）。そこでは，「臨床」を病理やアブノーマル，そして問題を意味する限定された研究対象ではなく，「ベッドサイドに臨む」といった研究対象への関わり方，すなわち，研究方法における独自性を特徴としました。そしてさらに，臨床スポーツ心理学の方法として，次のような４つの側面から提案を行いました。

　①「方法中心」から「問題（現象）中心」へ，そしてさらに，「（問題）解決志向」へ
　②関係性：対象の内的体験に迫る
　③個の尊重：事例研究
　④「語れないもの」を語る：身体性

　上述のような「臨床」の捉え方を研究のフィールドに置き換えると，私たちが研究をする上でフィールドをもつことの２つの意味が考えられます。１つは，現場で役に立つ研究を行うためには，現場で今何が起こっているのか，そして何を必要としているのかを見極めることが大切となり，そのためには，フィールドを身近にもち，関わる必要があります。そしてもう１つは，自身が行った研究の成果の確かめを可能とするフィールドです。後者のようなフィールドをもつことによって，さらに必要とされる新たな課題がもたらされるのではないかと考えます。

　これまで日本のスポーツ心理学は，欧米の研究に多くを依存してきたように思われます。もちろん，これまでとは異なる位置づけで諸外国の研究成果をフォローする作業は継続されます。1980年代初頭に欧米からアスリートのメンタルトレーニングに関する情報（著書，論文，VTR）が大量に入ってきた時，わが国のスポーツ心理学関係者の一部は，この方面で大きく溝をあけられてしまった驚きと焦りを経験

しましたが，そのすぐ後に，松田岩男や猪俣公宏を代表とする「メンタルマネジメントプロジェクト」が立ち上がり，欧米の水準に追いつこうと精力的な活動が継続されてきました。その結果，日本の水準はそれらとほぼ肩を並べられるようになりましたが，残念ながら，独自の心理スキルや指導方法を開発し，そしてそれらの発信を通してこの方面を先導するまでにはまだ至っていないように思われます。

　アジアに位置するわが国は，東洋的な精神風土の中にあり，多方面からの「こころ，魂，精神」に関わる記述が古典といわれる書物の中で豊富に認められてきました。個々の体験に基づいた武道や芸道書で扱われた主題は，現在のスポーツ心理学でも通用するものが多々あり，重要なヒントを与え続けています。トップアスリートの中には，古典からの教えを競技行動に活かしている者もいるようです。筆者が個人的に関心のある禅の修行過程や悟りの体験を芸術的形式で表現したテキストである「禅十牛図」もまたそこに加えられます。まだ，論文として公刊するまでには至っておりませんが，アスリートの「コツ獲得」（浅野・中込，2014）と十牛図を重ね合わせ，コツ獲得のプロセスで生ずる心理的変化を検討したものをヨーロッパのスポーツ心理学会にて発表しました（Nakagomi & Asano, 2015）。このテキストを手がかりに，運動技術の学習過程やアスリートのパーソナリティ発達，さらには精神健康等について，新たな視点から実証的研究を展開することが可能と思っています。しかしながら，こうした精神的風土にありながらも，これまでのわが国のスポーツ心理学の発展は，欧米の研究動向と切り離すことができません。もちろん，独自性を発信する上でも諸外国の動向を知っておくことの重要性はこれからも変わりありませんが，文化的背景を研究の着想や過程に反映させる取り組みにもエネルギーを注ぐ必要があります。

　また，欧米を中心として，アスリートの緊張・不安のコントロールや実力発揮に望ましい「心理的構え」とも置き換えられる「マインドフルネス（mindfulness）」の考え方が，最近，スポーツ心理学領域での著書や論文の中で多く取り上げられるようになりましたが，この概念やそのための方法は東洋的な思想や哲学を背景にもっているようです。こうした動向に接すると，私たちが外の動きにとらわれてしまい，独自性につながるであろう，すでに潜在している手がかりを見失って

きたのかもしれないとの思いを強めます。

　以前の体育心理学では，主要なテーマの1つとして，「スポーツ経験によるパーソナリティ形成」が位置づけられていました。しかしながら，スポーツ経験を通したパーソナリティ変容や両者の因果的説明において，未解決な問題・課題が積み残されたまま，その後，このテーマに真正面から取り組んだ研究が認められなくなりました。その意味で，このような研究課題を「古くて新しいテーマ」ともいえます。また，すでにかなりの研究成果が積み重ねられてきた研究課題であっても，研究方法の工夫により，既存の知見とは異なる新たな側面が拓かれていくに違いありません。現象の記述や問題（事象）を生じさせている要因間の連関の程度を確かめることから，さらに一歩進め，その機序（メカニズム）に迫る研究が必要となっています。こうした思いは，フィールドと深く関われば関わるほど強いものとなっていき，また，そこに解決の糸口がみえてくるように思われます。

　この節では，研究課題を中心に狭い視点からスポーツ心理学の展望を述べてきましたが，この領域がさらに発展するためには，スポーツ心理学の研究者だけでなく，スポーツ心理学を実践する人たちの存在も重要となります。それはスポーツ愛好家，指導者そしてアスリートということになります。また，現在，スポーツ心理学の専門性を活かした仕事を念頭に置いた場合，すでに始まっている競技スポーツの現場での各専門職によるアスリート個人や団体に対するチーム（マルチ）サポートといった連携が挙げられます。コーチ，フィジカルトレーナー，スポーツ栄養士，他との密な関わりからもまた，私たちは多くを学ぶことになります。そしてそれは同時に，スポーツ心理学者が彼らとの仕事を進めていくことで，職域の拡大も期待できるはずです。

＊
本章は，先に日本のスポーツ心理学の紹介を行った以下の論文を下敷きに，大幅な加筆修正を加え，執筆いたしました。
Nakagomi, S. & Yamamoto, Y. (2016). JAPAN. R. J. Schinke., K. R. McGannon., & B. Smith. (Ed.) Routledge International Handbook of Sport Psychology (pp. 47-55). Routledge, New York.

第2章
トップアスリートの心理サポート

1節　トップアスリートとは？

　本章のタイトルにある「トップアスリート」とは，どのような選手のことをいうのでしょうか？　読者の皆さんはさまざまなイメージをもっていると思いますが，トップアスリートの定義というきちんとしたものはないと思います。例えば，1つの表現として「日本を代表するオリンピック選手は，トップアスリート」といって異論を唱える人はいないでしょう。なぜなら，オリンピック選手は，さまざまな厳しい基準を満たし，選ばれた人のみがなれるものだからです。そしてその数は，夏のオリンピックで約300人，冬のオリンピックでは約100人というまさに精鋭の人たちなのです。4年間で300人とか100人という選手しか生まれないのですから，オリンピック選手は，トップアスリートそのものといえるでしょう。

2節　トップアスリートを支援し，競技力向上の研究をする施設

　東京都北区西が丘地区は，「日本の競技スポーツのメッカ」「日本のハイパフォーマンスの拠点」といわれています。なぜそのように表現されているのかといいますと，この地区に日本の競技スポーツの拠点

となる国立スポーツ科学センター（Japan Institute of Sports Sciences: JISS；通称「ジス」）と，ナショナルトレーニングセンター（National Training Center: NTC；現名称「味の素ナショナルトレーニングセンター」，通称「味トレ」）という施設があるからです。JISSはこの国のスポーツを強くするための研究と支援（サポート）を行う施設であり，NTCは国際競技力向上の中核拠点として各種競技団体が練習・トレーニングを行っているところです。国立またはNationalという冠からもわかるように，この2つは国が建てた施設です。筆者が所属するJISSは，トップアスリートの国際競技力向上のための研究とサポートを行う施設として，2001年10月に開所しました。オープンしてからJISSは，スポーツ医学・科学・情報等の研究とサポートを行い，日本人アスリートの国際競技力向上に貢献しています。JISSができてから，冬季4回（2002年ソルトレイクシティ，2006年トリノ，2010年バンクーバー，2014年ソチ），夏季4回（2004年アテネ，2008年北京，2012年ロンドン，2016年リオデジャネイロ）のオリンピックを経験し，多くのオリンピック・パラリンピック選手・指導者のため研究とサポート活動を行ってきました。今は，2018年の平昌オリンピック・パラリンピック，そして2020年東京オリンピック・パラリンピックに向けてその活動がより活発になってきています。

東京都北区西が丘
2001年設立

- 役割 -
・国際競技力向上への
　科学・医学・情報からの支援
・国際競技力向上のための研究
・スポーツ情報の中核機関

▲図2-1　国立スポーツ科学センター（JISS）

3 節　JISS スポーツ科学部の中の心理グループについて

　JISS の研究とサポートを行う部署には，スポーツ科学部とメディカルセンターがあります。筆者が所属する心理グループは，スポーツ科学部に属しています。心理グループの研究員やスタッフの主たる専攻は，スポーツ心理学や臨床心理学で，筆者らはこれに関わる研究とサポートを日々活発に行っています。2016 年度の心理グループのメンバーは，常勤研究員，非常勤の研究員，客員研究員（指導的立場の方），その他の関連スタッフなどを含めると，心理関連だけで総勢約 20 人います。この 20 人が常に同じ仕事をしているわけではありませんが，事業や業務内容によって協働しています。トップアスリートの心理面に関わる仕事を行っているスタッフが 20 人もいるという施設は，国内には他になく，国外をみても非常に少ないと思われます。

4 節　心理サポートに関する研究について

　JISS の研究は，「国際競技力向上に貢献する研究を行う」という大命題のもと，各分野が独自に研究テーマを設定し取り組んでいます。JISS 心理グループの研究は，サポートに直結する研究を行ってきました。これまでに筆者らが行ってきた研究をいくつか簡単に紹介します。
　最初に紹介するのは，「トップアスリートに有用な心理サポートに関する研究」というもので，JISS で行っている心理サポートをより良くするために行われた研究です。心理サポートの重要な「心理検査（質問紙）」「メンタルトレーニング（リラクセーション）技法」「個別サポート」の 3 点について研究を行いました。心理検査（質問紙）では，これまで長年収集してきたトップアスリートの心理検査のデータを分析したところ，トップアスリートにはトップアスリート特有の心理的要素があり，既存の心理検査では十分測定できないということがわかりました。メンタルトレーニング（リラクセーション）技法では，技法を習得するためにはある程度の練習期間が必要ということが，実験結果から明らかになりました。そして，個別サポートでは，心身の成長とパフォーマンスには関係があるという示唆が得られました。これらの研究結果は，筆者らの心理サポートに活かされています。

トップアスリートにおける心理的競技能力評価尺度の開発に関する研究では，「トップアスリートには特有の心理的要素があり，既存の心理検査では十分測定できない」という研究結果から，そのことを測定できる心理検査の開発を行いました。その結果，トップアスリートには，特に自信，自己分析力，一貫性（競技に対する），生活管理（競技に向けた）という要素が重要ということがわかり，それらを測定できる心理検査を開発することができました。

　また，現在は「自国開催オリンピック・パラリンピックにおける実力発揮を促進する心理的要因の検討」というタイトルで研究を行っています。この研究は，「2020年東京オリンピック・パラリンピックに出場する選手の競技力向上に役立つ研究を行う」といった目的に沿って設定されました。2020年の東京オリンピック・パラリンピックは，自国開催ゆえのメリット・デメリットがあり，それらが，選手のパフォーマンスや実力発揮に影響することが考えられます。その具体的な影響を明らかにして，2020年の自国開催のオリンピック・パラリンピックで選手が最高のパフォーマンスを発揮するための一助になるようにと始めた研究です。現在行われつつある研究ですので，具体的な成果はこれからですが，2020年に向けて関係スタッフ一同，この研究を進めています。

5節　世界で戦う，トップアスリートの心理サポートについて

1．トップアスリートの「こころ」について

　トップアスリートは，言うまでもなく，体力と技術は世界トップクラスです。そうなるためには，優れた身体能力（体力，技術など）をもち，そしてそれらを磨き上げる厳しい練習やトレーニングを，日々行う必要があります。そして，重要な試合で，素晴らしいパフォーマンスを，何年も継続して発揮し，オリンピック選手に選ばれるのです。一般の人には考えられない，想像を絶するような練習やトレーニングを日々行うわけですから，普通ではありません。言い換えますと，トップアスリートの競技生活・環境は，「異常」といえます。

　トップアスリートは「異常な世界」にいますので，その影響をここ

ろにも受けています。この異常な世界にいるトップアスリートのこころ，性格特性，心性といったものは，どのようなものなのでしょうか。一般に，スポーツ選手というのは，明るく，元気で，積極的などというイメージをもっている人も多いと思います。もちろん，そのような性格特性をもっているトップアスリートもいるでしょう。しかし，競技スポーツに身を投じているトップアスリートは，そうではなくなっていることがあります。鈴木（2012）は，「競技スポーツに打ち込めば打ち込むほど，明るく，元気ではいられなくなり，身体的にも心理的にも過酷な状況になります。身体的・心理的限界を超えるほどのトレーニングをしないと上達しないし，勝てないからです。そこでは常に，身体的故障や病気，心理的問題や精神的な病の発生の危険性をはらんでいます」と，競技環境からこころに受ける影響を述べています。また中込（2013）は，「代表クラスの中には，優れたパフォーマンスを発揮してはいるが，異常あるいは問題とも思えるような心性（mentality）を同居させているケースが一部では認められる。高い競技水準にあるアスリートだからといって，こころの健康度が高いとは限らない」とアスリートのパーソナリティの特徴を述べています。

　また筆者らは，トップアスリートを身近で見てきて，トップアスリートになるためには，独特の心理的な何かがあるのではないかということを感じ，JISS を利用するトップアスリートを対象に調査を行いました。対象とした選手は 7 名で，その選手に「トップアスリートに必要な心理的要素・側面とは何だと思いますか？　競技場面以外の要素・側面も含めて，お答えください」，また「なぜ，その要素・側面がトップアスリートに必要だと思いますか？　具体的にお聞かせください」というインタビュー調査を行いました。表 2-1 は，その結果をまとめたものです。対象者は，自らもトップアスリートであり，自分自身を振り返ったり，自分の身近にいる自分よりも競技レベルの高いアスリートも見て答えました。結果をみると，「周りに左右されない」「自分自身をもっていることが必要」「『自分の軸』をもっている」などの主体的な姿勢の重要性が示され，また「プレッシャーを感じない」「勝ちたいという強い気持ち」「闘争心」「自信」などの競技場面で必要な心理的要素の回答もみられました（立谷ら，2014）。

▼表 2-1　トップアスリートに必要な心理的要素・側面（立谷ら，2014 より）

対象者	心理的要素・側面	根拠
A 男子 個人・対人種目	・周りに流されない ・ブレない ・人とは違った観点で物事をとらえ，それを競技に活かす ・新しいことに挑戦していく	身近にいるトップアスリートを見て
B 男子 個人種目	・ここぞという時にやる力 ・プレッシャーに負けない自分自身をもっている ・信念がある	海外の選手を見て
C 女子 個人種目	・指導者の意見を鵜呑みにせず，参考にする ・コーチの意を汲んで，吸収することができる ・「自分の軸」をもっている ・指導者をうまく活用できる能力をもっている ・情報を咀嚼する力があり，柔軟性もある	あるオリンピックのメダリストを見て
D 男子 団体種目	・恐怖心を上回る ・勝ちたい気持ちをもつ ・ミスを気にしない ・正しい判断をする	競技特性上必要，また強い選手を見て
E 女子 個人種目	・周囲から結果を求められていても，プレッシャーを感じない ・自分のためにこのレースはあるんだと思える ・何が何でも自分の道は自分で決める ・勝つための準備の方法が他の人より勝っている ・嫌なものは NO と言える強さをもっている	あるオリンピックのメダリストを見て
F 男子 個人種目	・闘争心，負けたくない気持ち，勝ちたいと思う心 ・感情をコントロールする ・落ち着いて物事を判断できる ・落ち着いて，自分の得意なペースで試合を運ぶ ・第三者の視点からみる	自分の経験を踏まえて
G 女子 個人種目	・自信と勝つことに対する執着心，自分をもつ（信じる）力 ・自分が優勝するという思いを強くもつ ・試合までの準備，準備の段階で自信がついてくる	自分の経験を踏まえて

2．JISS 心理グループが行っている心理サポートについて

　鈴木（2012）や中込（2013）の主張や表が示す通り，トップアスリートには多様な心理的側面があり，さまざまな心理的問題・課題を感じています。そのことに応えるべく，筆者ら JISS 心理グループは，アスリートのサポートに日々全力を注いでいます。ここでは，JISS 心理グループが行っている，個別（1対1）のサポートとチーム帯同のサポートについて説明します。

（1）個別（1対1）のサポート

　個別（1対1）のサポートとは，選手個人が何らかの理由で個別サポートを希望し，サポートの申し込みをするものです。自発的に申し込むのが基本ですが，指導者やチーム関係者，または JISS のスタッフ（心理以外の分野）からの紹介で来談する場合もあります。

　選手からのサポートの申し込み後，最初にインテーク（受理）面接を行います。そこでは，選手が今抱えている心理的な問題・課題，サポートの希望，来談の経緯等を詳しく聞きます。選手の心理的な問題・課題で最初に出てくる代表的なものとしては，「練習ではできるのに，試合になるといつもの力が発揮できない」「コーチやチームメイトとの人間関係に悩んでいる」「次のオリンピックには必ず出場して，そしてメダルを獲りたいと思っているので，メンタルトレーニングを取り入れたい」等があります。その他，選手の主訴（来談時の主な）といわれるものには，ここでは書き切れないほど多種多様なものがあります。また，選手の競技歴・競技成績，成育歴・家族関係，競技環境等さまざまなことも聞きます。なぜこのようなことを聞くのかといいますと，現在抱えている・感じている問題・課題がどこに原因があるのか，どこに根ざしているのか知ろうとするからです。インテーク面接ではじっくり話を聞きますので，90～120分ぐらいかかります。インテーク面接を行った人は，聞いた話を詳細にまとめ，インテークカンファレンス（受理会議）で発表し，討議後，参加者全員でより良い担当者を決めます。JISS 心理グループのスタッフは，日本スポーツ心理学会認定のスポーツメンタルトレーニング（Sports Mental Training: SMT）指導士，日本臨床心理身体運動学会認定の認定スポーツカウン

セラー，日本臨床心理士資格認定協会認定の臨床心理士などの資格を有し，選手の主訴や希望に応ずるようにしています。担当者は，それぞれの持ち味を発揮しながらサポートを行っていきますが，選手はさまざまな心理的問題・課題を抱えているため，最初に担当した者のサポート範囲を超えるようなこともあります。そのような場合には，他の心理スタッフと連携を取り，1人の選手を複数でサポートするケースもあります。このようにできるのは，多様な専門性を有するスタッフがいるJISS・心理グループの特長といえます（図2-2）。

　図2-3は，2003年度から2015年度までの個別サポートのセッション数（延べ）を表したものです。2008年に急激に多くなったのは，この年度から「マルチサポート事業」（文部科学省の委託事業）というものが始まり，心理サポートの要望が増加し，サポートスタッフも増えたからです。また，2011年度にさらに増加したのは，翌年に控えたロンドンオリンピックへの出場を目指した選手が，自発的にサポートを受けに来たからだと考えられます。その後，2012年度は減りましたが，2015年度に再び増加傾向となりました。これは2016年のリオデジャネイロ・オリンピックに向けてのサポートが始まったからだと思われます。今後，2020年に向けてさらに増えていくことが予想されます。

（2）メンタルトレーニング（心理）講習会について

　JISS心理グループには，競技団体（○○連盟，△△協会など）から講習会の依頼が，年間20〜30件ほどあります。その際の希望としては，「チーム全体に，メンタルトレーニングの基礎的な知識を教えてほしい」「今シーズンは，オリンピックがあるので，それに向けてチーム一丸となるための心理面での重要なことを教えてほしい」というようなものがあります。この依頼が来た後に，担当者は指導者と打ち合わせをしっかりと行いますが，メンタルトレーニングや心理サポートについては，まだまだ現場で十分に理解されていないということを感じます。したがって，最初に，こころそのものやこころとパフォーマンスの関係について理論的な背景を踏まえながら丁寧に説明します。その後，メンタルトレーニング技法（リラックス法，イメージトレーニングなど）を説明・体験します。これらの技法を説明する場合も，学

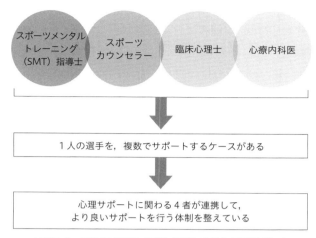

▲図2-2　JISSにおける主訴や希望に応じた個別サポート

▲図2-3　個別サポートのセッション数（延べ）

術的に証明されていることを述べながら，できるだけわかりやすく行っていきます。

　また筆者は，講習会の終盤では，図2-4を見せながら，「あなたは，どのような選手になりたいのですか？」「どのような人生を歩みたいのですか？」ということを問いかけます。図の枝・葉のところには，体力・技術・心，そして栄養やその他のたくさんのサポートと書きました。また幹には「何でも吸収するという貪欲な姿勢と行動」と記しました。さらに根には，「強くなりたい！勝ちたい！という情熱」「アスリートとしてどうありたいのか？という哲学」と記述しました。この図の中で最も大事なところは「根」です。根となる「情熱と哲学」が

第2章　トップアスリートの心理サポート　　23

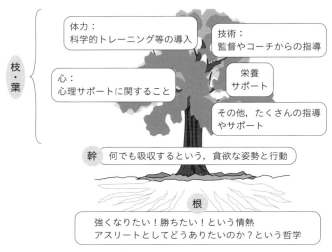

▲図2-4 「あなたは、どのようなアスリートになりたいのですか？」

なければ、「何でも吸収するという貪欲な姿勢と行動」は生まれず、さらに、最新の科学的なトレーニングや優秀な指導者、効果的なメンタルトレーニング技法、栄養指導、そしてたくさんのサポートがあったとしても、幹や根がなければ何も吸収できないということになります。つまりトップアスリートになるためには、根である「情熱と哲学」をもつことが非常に大切であると語りかけます。なぜかといいますと、競技を行う意味を自分なりに探り確立してほしいからです。このことは最終的には競技を行う上での「哲学」となり、そして真の意味での強さをもった自立したアスリートになっていくからです。

　講習会は、基本的には指導者の希望ですので、選手の反応はさまざまですが、講習会が終わった後に、「自分なりにやっていたものが、メンタルトレーニングの一技法でした。正しい方法で安心しました」「情熱と哲学が大事ということがわかりました。これらをもてるよう頑張ります」等ということが聞かれることがあります。この反応から考えますと、トップアスリートは、自分の競技経験からこころのコントロール法というものを自分なりに身につけているといえますし、「木の話」から自分の競技観や人生観に改めて気づく選手がいたりします。この講習会をきっかけに、個別サポートの申し込みをする選手が現れたりもします。

(3) チーム帯同のサポートについて

　チーム帯同のサポートとは，競技団体から要請を受けて，合宿や試合に帯同しサポートを行うというものです。JISS や NTC，そして合宿地で講習会を開催したり，現地で個別サポートを行ったりします。この要請を受けてから担当者は，指導者とサポート内容について密に話し合い，要望に可能な限り応え，より良いサポートを目指します。

　また，合宿地や試合に帯同した際には，指導者と積極的にコミュニケーションを図ります。練習や試合前に，選手の様子をうかがったり，心理面の重要性を話したりしながら，少しずつ交流を深めていきます。このようなことを行いながら，指導者や関係者と良好な関係をつくり，選手のサポートを行っていくことで，充実したチーム帯同のサポートができてきます。また，他の分野のスタッフ（フィジカルトレーナー，栄養士，他）と，情報交換をしながら協働することも非常に重要です。情報交換や連携をしっかり取りながら，チーム全体のサポートを行っていくことで，望ましいサポートが実現されていきます。

(4) チームに帯同することの難しさ

　前述したように，チームに帯同できるのは，競技団体（指導者）からの要請があってできることです。ただ，複数いる指導者やスタッフのすべての人が心理サポートを望んでいるわけではありません。むしろある特定の指導者の強い要望であったり，選手は望んでいなかったりすることもあります。そのような状況の中でチームに帯同すると，最初にある種の違和感を覚えたり，居心地の悪さを感じたりします。その時に，自分の存在意義を探ろうとしたりして，何らかの行動（自分の役割以外のこと等）を起こすと，現場が混乱することがあります。以前，ある指導者から，「代表チームのスタッフとして新しく誰かが入ると，面倒になることがある」といわれ，ドキッとしたことがありました。幸い自分のことではないようでしたが，サポートスタッフとしてチームに入ることによる悪影響を常に頭に置きながら，その場の空気を読み，臨機応変に行動することが必要であると強く思いました。最も良い形は，指導者，スタッフ，選手に私たちの活動や役割が認められ，チームの一員となることです。そのようになるためには，地道な活動を行う必要があり，長い年月を要します。図 2-5 は，代表チーム

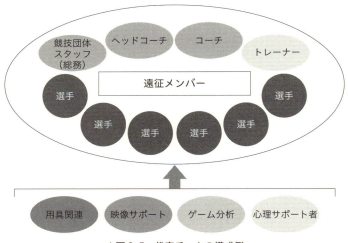

▲図2-5 代表チームの構成例

の構成の例であり，遠征メンバーそしてそれをサポートする分野を示しました。筆者は縁があって，2006年のトリノ冬季オリンピック後からスキージャンプ・男子チームのサポートに携わっています。これまで，毎年1～2回の国内大会，世界選手権3回，オリンピック（2010年バンクーバー，2014年ソチ）に2回帯同しました。チームに帯同してから10年余り経ちますが，これまでさまざまなことを経験しました。チーム帯同サポートは，いつも難しさを感じるため，常に緊張感をもって，日々勉強という思いで行っています。

(5) 事例検討会について

　JISSでは，トップアスリートの心理サポートの事例検討会を月1回行っています。事例検討会とは，サポートした者が，サポート内容を詳細に発表し，その内容について検討するというものです。例えば，ある選手と個別サポートを行って，10回が経過したケース（継続中）を発表するとします。最初に来談の経緯を述べ，1回ごとのサポートの内容を時間の許す限り詳細に発表します。1回ごとのサポートの中身は，どのような話（相談）があったのか，それにサポート担当者（事例提供者）はどのように応えたのか，またメンタルトレーニングの技法指導等を行った場合，どのように行い選手はどのように反応したの

か等について報告します。それに対して参加者は、質問したり、コメントをしたりします。このことを受けて発表者は、その後のサポートに活かしていきます。

　JISS では、この事例検討会を始めてから 13〜4 年が経ち，2017 年 10 月の時点で 131 回行いました。参加メンバーは，主として JISS と NTC の心理のメンバーで構成されており，そこではさらに外部からのスーパーヴァイザー（指導・助言者）が毎回同席し，心理サポートに対するコメントをいただいています。事例検討会では，それぞれの立場からさまざまな意見が出され，トップアスリートの事例検討会としては他に類をみない，質の高い事例検討会になっていると思います。

（6）新たに始まったパラリンピック選手の心理サポート

　JISS では、2015 年度から、パラリンピック選手の心理サポートも受け入れるようになりました。これまでは，オリンピック関連は文部科学省，パラリンピック関連は厚生労働省と管轄がそれぞれ分かれていたのですが，それがなくなったからです。パラリンピック選手の心理サポートは，日本パラリンピック委員会（Japan Paralympic Committee: JPC）の医学・科学・情報の中の心理サポート部門が，2006 年のトリノ冬季オリンピックから行われており，その後も精力的に取り組まれています。今後は，JPC の心理スタッフや JSC のハイパフォーマンスサポート事業（パラリンピック）の心理スタッフと協働しながら進めていく予定です。JISS では国際競技力向上のために，オリンピック選手とパラリンピック選手の両方のサポートが行われ，まさにトップアスリートのサポートの拠点といえます。

6 節　華やかなものの「裏」にあるもの

　リオデジャネイロ・オリンピックでの日本人選手の活躍は，私たちに勇気や希望を与え，世の中を明るくしました。私たちもサポートしている選手やチームが活躍したら，純粋にうれしいと感じます。一方で，死力を尽くしたが，代表選手になれなかった選手，オリンピック・パラリンピックに出場したが，本番で自分の力が発揮できなかった選手もいます。そのような選手や指導者は，たいへん悔しい思いをされ，

複雑な心境でいます。私たちは，そのような選手や指導者のサポートも行い，その重要性・必要性をいつも感じています。メキシコオリンピック開催の1968年1月9日，円谷幸吉選手（1964年東京オリンピック・マラソン銅メダリスト）は，「もう走れません」という言葉を遺し，この世を去りました。自国開催が影響した悲劇かもしれません。このような痛恨事が，2度と起こらないようにしなければならないと思っています。華やかなものがある一方で，その裏には忘れてはならないものが必ずあります。そのことにも目を向けながら，サポート活動を行っていくことが大事だと思っています。

7節　2020年東京オリンピック・パラリンピックに向けての準備

　2013年9月8日の早朝（日本時間），2020年の東京オリンピック・パラリンピックの開催が決定しました。この時を境に，2020年に向けて，スポーツ界のみならず，世の中のあらゆる分野が動き出しています。2020年までに，スポーツ界がどのように変貌していくのか，競技スポーツの末席にいる1人の人間として非常に楽しみです。もちろん，私たちの立場としては，喜んでばかりはいられません。私たちの分野は，選手や競技団体をどのようにサポートし貢献していくのか，競技力向上に関わる研究をどのように進めていくのかなどが問われます。

　筆者は最近，2020年までの世の中の動きが，「選手や指導者の競技活動にどのように影響を与えるのか？　心理面への影響は？」という視点をもって，選手・指導者・スタッフの方々と日々接しています。なぜかといいますと，自国開催というある意味特殊な状況の中で，「最高のパフォーマンスを発揮するための心理的な準備として，どのようなことを行ったらよいのか」ということについてさまざまな観点から考える必要があるからです。その具体策については，今JISS・心理グループ内に「2020年東京大会に向けた心理サポートワーキンググループ」というものを立ち上げて，そこでサポートに関するさまざまな議論を行っています。2020年の本番では，日本人選手全員が活躍してほしいと全国民が願っていると思います。その期待に応えるべく，

選手，指導者，スタッフの皆さんは全力で戦うと思います。私たちもあらゆることを想定し，万全の準備を行うつもりでいます。

競技スポーツ分野で働くための，心理サポートに関する資格

現場の声1

　JISSやNTCで仕事をするためには，どのような資格が必要なのでしょうか。ここでは，JISSやNTCで必要とされる「スポーツメンタルトレーニング指導士」「認定スポーツカウンセラー」「臨床心理士」の資格について説明します。

● スポーツメンタルトレーニング（SMT）指導士

　SMT指導士とは，競技力向上のため心理的スキルを中心にした指導や相談を行う学識と技能を有する専門家として，日本スポーツ心理学会が認定する資格です。心理的スキルトレーニングを中心としたメンタルトレーニングによってスポーツ選手への心理サポートを提供する人を指します。資格認定された者は，本学会資格認定委員会より「認定証」「認定カード」が交付され，「SMT指導士名簿一覧」に登録されます。資格の有効期間は5年間で，その後，所定の基準に基づき更新手続きが求められます。

　活動の領域としては，
　　①メンタルトレーニングに関する指導・助言
　　②スポーツ技術の練習法に関する指導・助言
　　③コーチングの心理的な側面についての指導・助言
　　④心理的コンディショニングに関する指導・助言
　　⑤競技に直接関係する心理検査の実施と診断
　　⑥選手の競技引退に関する指導・助言
　　⑦その他，競技力向上のための心理的サポート
の7つが挙げられます。

　資格には，1）SMT指導士，2）SMT上級指導士，の2種類あり，それぞれ一定の条件を満たし，審査に合格する必要があります。

　このSMT指導士ができた背景には，競技現場からのニーズや学術的背景をもたないで，メンタル面のサポートや指導を行う人が増えてきたことなどがあります。日本スポーツ心理学会では，この資格に関する議論を学会のシンポジウムなどで議論を重ね，2000年4月に正式に発足しました。2016年4月1日現在の資格取得者は，指導士89名，上級指導士42名，名誉指導士11名で，合計142名となっています。2020年の東京オリンピック・パラリンピックに向けての活動の場が期待されています。なお，詳細については，日本スポーツ心理学会のホームページを参照してください。

● 認定スポーツカウンセラー

　認定スポーツカウンセラーとは，日本臨床心理身体運動学会が認定するスポーツカウンセラーの資格で，2004年に発足しました。この資格は，スポーツ競技場面に関わるすべての人々を対象として心理臨床の専門家として認定するものであり，現在のところ，競技場面におけるカウンセラー資格としては国内唯一のものです。この資格は体育学や心理臨床学の基礎的知識をもち，心理検査やカウンセリング技法の基礎的訓練を受けることで取得できるものです。認定スポーツカウンセラーの資格はその専門性に応じて，3級，2級，1級に分けられています。この資格ができた背景として，鈴木(2012)は，「アスリートが生きる世界は独特なものであり，その中で生じる悩みや問題もまた非常に特徴的なものがあります。同時に，一般臨床で出会うものと同様のものもあります。そのためアスリートや競技の世界を踏まえた専門性のある資格を必要とされるのです」と述べています。また本資格は，自身の競技スポーツ経験が問われることも特徴の一つといえます。さらに本資格では，体育・スポーツ学だけでなく，心理臨床学の知識が求められます。そして上級資格になるにしたがって，認定要件として臨床経験やスーパーヴィジョン経験が加わっていきます。なお，詳細については日本臨床心理身体運動学会のホームページを参照してください。

● 臨床心理士

　日本臨床心理士資格認定協会のホームページによると，「臨床心理士とは，心の問題に取り組む『心理専門職』の証となる資格で，臨床心理学に基づく知識や技術を用いて，人間の『こころ』の問題にアプローチする『心の専門家』です」と定義されています。指定された大学院（修士課程）を修了し，受験し，合格するという経過を経なければなりません。近年，臨床心理士の社会的要請は高く，注目度も高まっています。資格取得者も年々増え，今や3万人を超えています。詳細については，日本臨床心理士資格認定協会のホームページを参照してください。

　また，2015年9月に国会で，公認心理師法が成立し，交付されました。これまでの認定資格とは異なり，国家資格となるものができたということになります。今後は「公認心理師」の資格試験が行われ，国家資格としての「公認心理師」が誕生します。

● JISSやNTCで仕事をするために必要なこととは？

　ここまでJISSやNTCで仕事を行うために必要な資格の説明を行いましたが，資格を取るまでの知識や研修，経験が必要なのは言うまでもありません。しかし，さらに重要なのは，資格を取った後です。資格取得後は，資格を取得したことによる自覚や責任を感じながら，各種の研修会や勉強会・研

究会に参加したり，スーパーヴィジョンを受けたり等，自己研鑽を行う必要があります。また，選手や指導者，チーム全体をサポートするため，スポーツに関わる知識，その競技特性，そして何より人間性というものも求められます。このことを常に考えながら，日々の行動に気をつけることが大切です。

　少し余談になりますが，JISS や NTC で働く人は，必須条件として上記の資格を取得して仕事をしています。つまり，私たちは学術的背景をもった上でサポート活動を行っています。しかし近年，資格をもたず，また学術的背景も十分ではないと思われる人が，「アスリートの心理サポート」をビジネスとして行っているケースを見聞きします。キーワードを入れて，インターネットで検索するとかなりの件数がヒットします。もちろん，そのような人を全否定するつもりはありませんが，自身の独自の理論において活動し，法外な金銭を要求するようなケースが一部にみられます。また，独自の研修コースを設定し，修了証を発行して，専門家として証明したりしています。ユーザーであるアスリートやチームが納得すれば問題のないことですが，心理という見えないものであるがゆえに，誤解されたり，偏見を植えつけられたりすることがあります。現場から「メンタルトレーニングや心理サポートは，怪しいもの」と誤解されていることが耳に入ることがあり，学術的背景をもって活動している私たちにとっては，非常に悲しく感じられます。スポーツ心理学や臨床心理学はれっきとした学問です。それをしっかりと学ばずに，そして学び続けずに，ビジネスとして活動し，現場に誤解を与えてしまっていることが残念でなりません。

第3章

体育系大学における心理サポート機関

活かせる分野

1節　体育系大学における学生支援

1．大学生アスリート

　スポーツ心理学を修めた人の仕事の領域として，体育系大学における学生支援に携わるスタッフという職域があります。体育系大学というのは，体育大学のほか体育学部やスポーツ科学部，スポーツ健康学部のような学部で，体育学の専門教育を行う大学を指します。その中核を担っているのは，全国体育系大学学長・学部長会に所属・加盟する27大学であり，体育学の質保証やあるべきカリキュラムについて相互に情報交換を行っています。筑波大学や鹿屋体育大学などの国立大学，日本体育大学や大阪体育大学などの私立体育大学，東海大学や順天堂大学など体育学部を有する総合大学が含まれます。

　他に，広島大学や大阪教育大学など日本教育大学協会に加盟する56大学の多くには体育教員養成課程があります。さらに最近では，従来の体育系に加えて，健康系大学というカテゴリーも増えており，体育系・健康系大学の数は100大学近くにのぼります。体育学やスポーツ健康科学を専門的に学ぼうとする学生の多くはアスリートであり，体育学やスポーツ科学，スポーツ健康科学を学びながら体育会や学友会という組織に入って競技活動を行っています。

　その他にも，直接体育系・健康系ではない学部に所属しながら，競

技活動を専門的に行っている学生アスリートも少なくありません。体育系・健康系学部をもたない総合大学に進学する場合でも，学力ではなく競技力を評価の基準にする「スポーツ推薦入試」や「AO入試」という制度を利用して大学に入学している場合が少なくありません。彼らも学生連盟に所属し，「インカレ」とよばれる大学対抗選手権に出場して切磋琢磨しています。中には学生でありながら，競技活動を専門に行っているアスリートもいます。

　例えば，ロンドン・オリンピック日本選手団の名簿から，大学生，あるいは大学卒の選手の割合を調べると7割を越えていることがわかりました（Shimizu et al., 2016）。先に行われたリオデジャネイロ・オリンピックでは，さらに多数の大学生アスリートが活躍していることから，大学生アスリートの一部が，わが国を代表するトップアスリートとして，国際競技力の源になっているといっても過言ではありません。

2．大学生アスリートが直面するストレス

　競技生活と学生生活を同時に行う大学生アスリートは，さまざまなストレッサーに直面することが知られています。岡ら（1998）は，大学スポーツ選手の日常・競技ストレッサーを調査したところ，「日常・競技生活での人間関係」「競技成績」「他者からの期待・プレッシャー」「自己に関する内的・社会的変化」「クラブ活動内容」「経済状態・学業」のようなストレッサーに直面することを明らかにしました。さらにこれらのストレッサーの体験が増えると，ストレス反応としての抑うつや認知的混乱，引きこもりにつながる危険性のあることを指摘しています。一般的にスポーツ活動は「気晴らし」の要素があり，一般の学生にとっては，精神的健康をもたらす余暇活動と考えられます。しかし，学生としての日常生活とアスリートとしての競技生活を同時に送る大学生アスリートには，競技に打ち込むがゆえに体験する特有のストレッサーがあり，精神的健康を阻害する危険性のあることに注意が必要です。

　さらにトップレベルの学生アスリートになると，競技成績に対するプレッシャーはいっそう大きくなることに加え，合宿や試合等の海外遠征，マスコミ対策，所属団体やスポンサーとの関係にまつわる，多

種多様なストレッサーが加わることになります。例えば，スキージャンプの高梨沙羅選手を思い浮かべてみてください。体育系大学に籍を置く10代の女性アスリートが世界を転戦し，トップアスリートとして競技活動を続けています。オリンピックなどのメガイベントでは日本国民の彼女に対する期待は大きく，勝っても負けてもマスコミへの対応は求められます。それらのストレッサーには想像を絶するものがあり，トップアスリート特有の環境を彼らに強いていると考えられます。

3．青年期の発達課題

　大学生アスリートを取り巻く環境は，競技での卓越を求めれば求めるほどストレスフルなものになると考えられます。また競技種目の特性によってもその特徴はさまざまです。例えばチームスポーツであれば，多くのチームメイトとの協働作業が必要になりますし，個人種目であればコーチや指導者との関係性が非常に濃密になることがあります。さらに夏季種目か冬季種目かによっても，活動の仕方が大きく異なってきます。体験するストレッサーの内容によって，大学生アスリートの抱える心理的課題はさまざまになります。

　一方，大学生アスリートに共通する心理的課題もあると思われます。例えば，心の発達をライフサイクルの中で捉える立場では，大学生年代，すなわち青年期後期の発達課題を「自我同一性の確立」であるとしています。学生アスリートは，高校卒業後大学に入学し，自分らしくありたいと願っておよそ4年間を過ごし，社会人として巣立っていきます。したがって，彼らがその過程で直面する心理的問題をライフサイクルの中で捉えることにより，彼らが共通して体験する発達課題があると考えることができます。

　つまり大学生アスリートは，競技という特殊な環境下にいる，極めてユニークな「個」でありながらも，自我同一性の確立という発達課題に取り組む1人の青年であるという見方ができます。したがって，大学生アスリートに対する心理サポートでは，社会適応の促進を助ける援助と同時に，ありたいような自分を模索するためのカウンセリング援助が有効であると考えられます。体育系大学における学生支援では，大学生アスリートの直面する，一見特徴的と思われるさまざまなストレッサーへの対処法に目配りをしながらも，1人の青年としての

歩みを支援するような姿勢が必要となっています。

4．スポーツカウンセリングルーム

　大学における学生支援には3層構造のあることが指摘されています（日本学生支援機構，2007）。第1層は日常的学生支援で，学習指導や教務係の窓口業務がこれにあたります。第2層は制度化された学生支援で，クラス担任制度などを指します。そして第3層に専門的学生支援として，進路指導を行うキャリアセンターや健康指導を行う保健管理センターに加え，心理相談を担当する学生相談室（カウンセリングルーム）が多くの大学で設置されています。

　大学に設置された学生相談室は，青年期にある大学生が抱える，さまざまな心理的課題の解決を促す援助機関として位置づけられています。大学における学生相談機関に関する最新の調査報告（岩田ら，2016）をみると，回答の得られた605校のうち，少なくとも1つ以上の学生相談機関を置いているのは571校で全体の94.4%を占めていることが明らかになっています。各機関の相談員のうち心理学に関する専門資格をもったカウンセラー数を算定すると，平均で2.8人であることから，大学の学生相談室で働く心理職の割合は相当数に上っていることが確認できます。さらに，日本学生相談学会の定める「学生相談機関ガイドライン」（2013）では，中規模校や大規模校の場合3,000人に1名以上，小規模校の場合1,500人当たり1人以上の「専任カウンセラー」を配置することを目標として掲げていますので，この割合は今後さらに増えていくと見込まれています。

　体育系大学でも同様に「学生相談室」が設置されています。ただし，体育系大学の場合，大学生アスリートは先述したような特殊なストレッサーに直面していることから，通常の学生相談室の機能に加えて，アスリート特有の相談にも対応できるよう，より専門的な機関を置いている場合があります。その1つがスポーツカウンセリングルームです。筆者の勤める大阪体育大学のほか，筑波大学，鹿屋体育大学にもスポーツカウセリングルームがあります。

　またスポーツカウンセリングルームの名称を用いていなくても，同様の機能をもつ学生支援の部署をおく大学は少なくありません。例えば，日本体育大学は学生相談室のほかに，心理サポートを行う部署を

特別に設置しています。そこでは，競技力の高い大学生アスリートに対して「自己管理能力の高い選手を育成することを目的として，心理講習会の開催や個別の心理サポート」を実施しています。東京2020オリンピック・パラリンピックに向けたアスリート育成・強化がねらいですが，このような動きは体育系大学においてますます活発になっています。大学生への心理支援を役割とするだけでなく，アスリートへの心理支援を同時に，あるいは並行して実施する仕組みが，体育系大学に整備されつつあります。

2節　心理サポート活動の実際

1．大学生アスリートの抱える課題の特徴

　体育系大学に設置されたスポーツカウンセリングルームでは，さまざまな課題を抱える大学生アスリートの心理相談を担当します。その内容の一部は，一般の大学における学生相談室とは異なることがあります。

　例えば「発達障害の疑われる学生への対応」が，最近の学生相談において重要な関心事となっています。しかし，スポーツカウンセリングルームでこのような課題を抱えるアスリートに会うのは極めて稀で，筆者も20年ほどの相談経験の中で，3事例ほどしか経験がありません。いずれも個人競技（水泳，体操）で幼少からコーチと1対1のトレーニングを積んでいたことが特徴でした。

　アスリートとして成功するためには，社会性や対人関係での柔軟性が求められ，特に集団競技ではチームワークを発揮したり，周囲とのコミュニケーションを円滑にしたりする必要があります。したがって，野球やサッカー，バスケットボール，ラグビーなどのチームスポーツにおける競技環境は，アスペルガー症候群などの自閉症スペクトラムの人には，たいへん難しい環境であると想像されます。したがって，自閉症スペクトラムの人が，このような種目のアスリートとして大学に入学することは稀であると推測しています。

　一方，大学生アスリートの抱える課題には，競技環境の特殊性を色濃く反映した課題が少なくありません。例えば性同一性障害に悩んで学生相談室を訪れる大学生は少なくありませんが，アスリートの場合，

本人の性同一性の認識に関わりなく，身体的な性別により競技区分が強制的に確定されてしまいます。また身体能力には男女差のあることから，後述するように男性を自認している女子大学生アスリートにとって，競技環境はさまざまなジレンマを生み出す，ストレスフルな場となっています。また大学生アスリートとして競技を継続することは，その後の進路選択にとっても大きな影響を及ぼします。

このように青年期の発達課題という，この年代に共通する課題を抱えながらも，その具体的内容はかなり特徴的です。以下に，スポーツカウンセリングルームに来談する大学生アスリートの訴える課題を，いくつか取り上げます。

2．大学生アスリートの心理相談の具体例

以下では大学生アスリートの心理相談の具体例を紹介するため，土屋（2015）に基づきながら，いくつかのキーワードを挙げて説明します。

(1) 実力未発揮

大学生アスリートの心理相談において，比較的多くを占める訴えが実力未発揮に関わる相談です。競技場面において，常に実力が発揮できることのほうがむしろ稀ですが，アスリートとして競技レベルが上がれば上がるほど実力は伯仲となり，その発揮度が勝敗を分けることになります。実力未発揮の理由が，過緊張や自信のなさなどの場合，リラクセーションやイメージトレーニングを通じて改善できることがあります。現在，スポーツメンタルトレーニングとして，実力発揮に役立つ心理技法が体系化されており，これらの心理技法に習熟することで解決の糸口を見出せる場合があります。現在，スポーツ心理学会の認定する「スポーツメンタルトレーニング指導士」資格の取得者が140名を超えており（日本スポーツ心理学会編，2017），体育系大学の心理相談では，メンタルトレーニング指導の行うことのできる専門家が増えてきています。

(2) スランプ，あがり，イップス

実力未発揮の相談には，スランプやあがりのほか，イップスとよば

れる心因性の動作失調のような深刻な事例も含まれます。スランプは，アスリートにとって身近な話題ですが，一つひとつの事例はとてもユニーク（個性的）であるため，比較的単純な，対処療法的な解決方法が見つからないのが特徴です。あがりについても，スポーツ心理学領域においてその発生機序に関わる研究が盛んに行われていますが，性格傾向など個人特性の影響の強いことから，万人に共通する解決方法が見つけづらいという特徴があります。さらにイップスは，最近になって局所性ジストニア（focal dystonia）との関連で研究が進められていますが，こちらも対処療法的な解決法は見つかっていません。つまり，深刻な実力未発揮を訴える大学生アスリートには共通して，心（意識）と身体（無意識）のつながりの不全さが認められることから，彼らに対してはそのつながりに触れるような，自己発見的な取り組みを促す心理支援が求められます。もちろん，上述のメンタルトレーニング技法の学習が自己理解を深める場合もありますが，個別の心理相談を通じて，無意識的な葛藤を意識化することが重要と考えられます。

（3）インテグリティ

インテグリティとは，アスリートに求められる「高潔性」や「誠実さ」のことで，特に東京2020オリンピック・パラリンピックの開催決定後，スポーツ界における暴力問題や不法行為，薬物・ドーピングなどの問題を正そうという動きから注目されるようになりました。大学生アスリートにも，スポーツ指導における暴力・ハラスメントの根絶や薬物問題への注意喚起が行われています。特にアスリートという点で，薬物問題は深刻です。ここでいう薬物は，非合法的な薬物（例えば大麻，マリファナ）やパフォーマンス強化剤（アナボリックステロイドや成長ホルモン），あるいはウエイトコントロールのために用いられる薬物（利尿剤，下剤等）が含まれています。大学生アスリートの場合，下級生は未成年者である場合が多く，喫煙・飲酒も厳に慎まなければなりません。大学生アスリートの不祥事が他の大学生に比べて突出して多いという客観的なデータはありませんが，社会的に問題視されて大きく報道される傾向の強いことが特徴です。その理由の1つとして，アスリートにはフェアでありインテグリティが求められるという暗黙の了解のあること，そしてもう1つの理由として，薬物問

題や集団暴行，強制わいせつや窃盗などの事件の場合，部員間の組織的なつながりが問題となる場合が少なくありません。全国優勝経験のある大学ラグビー部における大麻栽培事件（2007年）では，部員12名が吸引を認めていました。このような事件の背景には，大学生アスリートの競技ストレスへの対処行動が未熟である場合もあり，彼らに対する認知的，行動的側面に働きかける心理教育プログラム（例えば，ストレスマネジメント教育など）の必要性が指摘されています。

(4) スポーツ傷害

スポーツカウンセリングルームでは，負傷した学生アスリートからの相談が少なくありません。スポーツ傷害に苦しむアスリートは，深い悲しみ，自我同一性の揺らぎ，孤独や不安，自信の喪失といった心理的危機に直面する可能性があります。彼らの心理的安寧と効果的なリハビリテーションのために，カウンセラーは自我支持的な関わりを大切にします。同時にコーチやチームスタッフに対するコンサルテーションを通じて，スポーツ傷害を抱えるアスリートを孤立させないよう，チーム内でのソーシャルサポートが機能するような，組織的な取り組みを促す場合もあります。また，負傷の程度が深刻な場合や完治の見込みの少ないケース，あるいは，慢性的なスポーツ障害を訴える場合には，学生アスリートの競技への新たな関わり方を模索する取り組みに寄り添うこともあります。そのような場合は長期にわたってカウンセリングが継続されることもあり，終結時には競技以外の目標（例えば，指導者になる，競技種目の転向など）を見つけるような場合も少なくありません。

(5) バーンアウト

バーンアウトとは，長期にわたって目標達成に努力してもそれが十分に報いられなかったときに生ずる，情緒的・身体的な消耗状態を示す用語で，「燃え尽き現象」とよばれることもあります（土屋，2006）。私たちは通常，楽しみを伴わない体験であればそれを辞めてもっと有意義な体験を求めるのですが，幼少期から1つの種目を専門的に行ってきた大学生アスリートは，容易に競技から離れることができません。特に，競技での成功体験が強ければ強いほど，あるいはスポーツ推薦

入試で大学に入学したような場合には，たとえ楽しみを伴わない体験であっても競技を辞めることができず，燃え尽きてしまう危険性が高まります。バーンアウトに陥ったアスリートは，深刻なうつ症状を呈する場合があり，カウンセラーには医療機関と連携するなど，慎重な対応が求められます。同時に，バーンアウトの発生には，競技場面で直面する種々のストレスが密接に関係しており，問題を深刻化させないための，予防的な取り組みも重要であると考えられています。

(6) 摂食障害と体重コントロール

　一般に摂食障害は，その行動形態ならびに症状から，神経性無食欲症（Anorexia Nervosa）や神経性大食症（Bulimia Nervosa）のように区別されています。女性に多く報告される精神疾患で，アスリートの場合，身体イメージの歪みや体重への過度なとらわれが認められ，体重とパフォーマンスとの関連性についての誤解や誇張が，アスリート・コーチ双方に認められることが大きな原因といわれています。大学生アスリートとの相談では，摂食障害の原因を追究するようなカウンセリングは功を奏しないばかりか，彼女たちをさらに傷つけ，面接の中断を余儀なくされることも少なくありません。むしろ，本人の語るままに，これまでの母親との関係やアスリート引退後（大学卒業後）の自身の生き方を中心に心理相談が続けられることで，改善を認める場合があります。なお，大学生アスリートの場合は一人暮らしをしている場合も多く，食生活の管理の難しいことから，症状が深刻な場合には，医療機関との連携が欠かせません。

(7) 性同一性障害

　競技は非日常的な自己表現の場です。日常生活では体感しづらい「本当の自分」を体験できる場でもあり，身体的な性別に違和感をもつ性同一性障害のアスリートにとっては自分らしく活動できる場となっています。サッカーや野球のような男性的だとされるスポーツでは，男性を自認する女子大学生アスリートが比較的多く在籍しているのも，その理由によると思われます。これらの種目では，小学生の頃よりスポーツ少年団等で男子と同様に活動してきている場合もあり，この問題を強く意識することなく過ごすケースもあるようです。しかし，大

学生期は社会に出る準備期でもあり，就職活動を通じて「自分が何者として生きていくか」，すなわち同一性（アイデンティティ）を模索・確認する時期です。この時期，性別という同一性の根源に戸惑う彼らの一部が，大きな悩みを抱えてスポーツカウンセリングルームに来談することがあります。例えば，卒業後に体育教師を目指す場合，教育実習をどのように乗り切るのかは大きな現実的課題です。実習中の性別確認に関する配慮要請，体育実技中の服装（例えば，水着など），指導する内容等，実習受け入れ校との詳細な打ち合わせが必要となり，大きなストレスになります。また，どのような職業を目指すにしても，将来は性別適合手術を受けて戸籍上の性別も変更しようと考えている場合には，それに要する時間は長くなります。そのため，大学生期にその準備（診断ならびにホルモン注射）を始めようとすると，競技活動を続けることが難しくなります。自分らしく活動できるアスリートとしてのアイデンティティを捨てることは，彼らにとって大きな苦しみとなることから，心理相談にあたっては，心情への理解と同時に，性同一性障害に関わる，より専門的な知識が求められます。

(8) 競技引退

競技引退は，大学生アスリートの多くが体験する事象です。日本の競技環境は，運動部活動に支えられており，大学生アスリートの多くは，中学校，高等学校運動部の経験者です。しかし大学卒業後にもそれまで同様に競技に打ち込める環境に身をおくことは極めて困難です。プロスポーツ選手か企業アスリートになる場合を除いて競技を継続することは難しいため，日本代表レベルの競技実績のあるアスリートであっても，大学卒業と同時に競技引退を決意することがあります。大学生アスリートにとって競技生活は，自身の同一性の核になっている体験であり，競技引退はアイデンティティ再体制化を余儀なくさせる体験にもなりうるといわれています（豊田・中込，2000）。競技に打ち込んできた大学生アスリートから一般の社会人への移行をスムーズにするためにセカンドキャリア支援を行う体育系大学もありましたが，現在では「デュアルキャリア」の発想（日本スポーツ振興センター，2014）から，大学生アスリートへの心理サポートが始まっています。

3節　体育系大学における心理サポート機関の課題

1．指導者養成への貢献

　体育系大学の使命の1つは，スポーツ指導者の養成です。運動部活動での経験は，未来の指導者となるべき大学生アスリートに大きな影響を与えます。この点で運動部活動における暴力やハラスメントは，看過できない大きな問題の1つです。阿江（2000）の調査によれば，運動部活動で暴力を受けたことがあると回答した体育系学生は37%に上っており，一般の大学生よりその割合の多いことが明らかになっています。さらに暴力を受けたことのある大学生アスリートは，そうでない学生と比べて，自分がコーチになったときに暴力を振るってしまうかもしれないと回答する割合が高くなっています。なぜなら，彼らの多くは，自身がアスリートとして成功した理由を自身が受けた指導にあると信じており，「多少の体罰は競技力向上に有効である」といった誤った信念をもっている場合が少なくありません（土屋，2014）。

　2013年高校の運動部活動において指導者の暴力を背景に自死に至った事案は体育系大学に大きな衝撃をもたらしました。筆者の勤める大学にもこの高校出身者がたくさん進学しており，スポーツカウンセリングルームでもこの問題の背景を深く掘り下げることができました。例えば，体罰指導を受けたことのない大学生アスリートの体験をシェアすることで，体罰指導を正当化する先の信念が誤解であることに気づくアスリートがいました。スポーツカウンセリングルームでの相談がきっかけで，新しい時代にふさわしい指導者養成カリキュラムの開発等，指導者養成が変わり始めています（土屋，2015b）。

2．体育・スポーツ科学の研究拠点

　体育系大学のもう1つの使命は，体育・スポーツ科学の研究の拠点となることです。ハイパフォーマンス領域を中心に，最近のスポーツ科学の発展は目覚しく，国立スポーツ科学センターを中核に，各地の体育系大学が地域の研究拠点となって連携を結ぶ構想が進んでいます。また，国立スポーツ科学センターにおけるアスリート支援では，フィットネスサポート，トレーニング指導，栄養サポートと同様に，心

理サポートは体育・スポーツ科学研究の成果を応用する重要な分野に位置づけられています。スポーツカウンセリングルームは心理サポートの最先端にあり，スポーツ心理学を中心とした体育・スポーツ科学研究成果をアスリートに還元する場としての，重要な使命を負っています。

　一方，スポーツカウンセリングルームでは，大学生アスリートのさまざまな訴えを直接聞くことができ，同時にその課題解決の道程を共に歩むことができます。そこには，体育・スポーツ科学が扱うべき研究テーマの素材があると考えられます。研究とサポート活動実践との往還を図ることで，体育・スポーツ科学の研究拠点としての機能を果たすことができます。心理サポートの担当者は，「科学的知識をもった実践者（scientist-practitioner）」であるべきだといわれるのはこの理由によります。大学生アスリートの心情に共感でき，同時に専門的知識を持ち合わせた心理サポート担当者の養成も今後の課題です。

現場の声 2

スポーツカウンセリングルームの運営

● 大阪体育大学スポーツカウンセリングルームの紹介

　スポーツカウンセリングルームの運営の実態を伝えるため，筆者の勤める大阪体育大学スポーツカウンセリングルームの紹介をします（土屋，2009）。本ルームは1989年，大阪体育大学のキャンパスを熊取に移転することを機に設置されました。設置からすでに30年近くが経とうとしていることを考えると，大学生アスリートに対して心理サポートを行う「常設」の大学附置施設としては，わが国初かもしれません。というのは，筆者が赴任したのは1997年で，前職の筑波大学のスポーツクリニックを新規開設する際に，予算措置をして大学の附置施設として位置づけている先例として確認できたのは，唯一大阪体育大学スポーツカウンセリングルームだけだったからです。

　開設当時，カウンセラーとして委嘱していたのは，鈴木壯氏（岐阜大学）や中島登代子氏（常葉大学）といった臨床家であり，責任者の荒木雅信氏（大阪体育大学）の3名による共同作業によって生まれ育った施設です。その後，筆者が採用され，現在では筆者のような専任教員による兼任カウンセラー3名，非常勤カウンセラー3名，受け付け業務を担う看護師1名の7名体制で運営しています。

　カウンセラー6名の現在の資格取得状況についてみると，日本スポーツ心理学会認定スポーツメンタルトレーニング指導士資格取得者が2名，日本臨床心理身体運動学会認定スポーツカウンセラー資格取得者が3名，臨床心理士や認定カウンセラー等のスポーツに特化していない一般的なカウンセラー資格取得者が4名となっています。筆者もそうですが，一般のカウンセラー資格に加えて，スポーツに特化した資格を重複して取得していることで，研修の機会が得られやすくなり，大学生アスリートに対してより専門的な心理相談が可能になるというメリットがあります。

● 主訴と相談内容

　表は大阪体育大学スポーツカウセリングルームで過去5年間に受理した相談について，主訴と相談内容に分けて分類したものです。主訴というのは，申込用紙および心理相談の初回面接時において，一番相談したいこととして特定された内容で，来談した大学生アスリート1人につき1つです。一方相談内容は，面接が継続される中で実際に相談された内容で，1人で複数になる場合もあります。相談内容は「精神的なこと」から「その他法律，事故」まで便宜的に6つのカテゴリーに分けられています。

表　過去5年間に受理した主訴と相談内容

相談内容・カテゴリー	合計		割合	
	主訴	相談	主訴	相談
精神的なこと	76	178	26.86	30.53
身体的なこと	20	76	7.07	13.04
競技に関すること	116	145	40.99	24.87
家族のこと	12	54	4.24	9.26
将来のこと	35	99	12.37	16.98
その他法律，事故	24	31	8.48	5.32
合計	283	583	100（%）	100（%）

　まず5年間で受理した283件の相談中，主訴として最も多かったのは，やはり「競技に関すること」の116件であり，それに続いて「精神的なこと」が76件でした。この2つがスポーツカウンセリングルームで受理した相談の6割以上を占めています。競技に関することの具体例は，第3章2節で述べた，実力未発揮やスランプ・あがり・イップスなどであり，「精神的なこと」にはバーンアウトや競技引退の相談が含まれます。スポーツ傷害や性同一性障害の問題は「身体的なこと」，インテグリティに関することは「その他法律，事故」に分類されることが多いです。

　一方，実際の相談内容は，主訴が深められて多方面に及び，283件の主訴が583の相談内容へと広がっています。特に，「競技に関すること」や「精神的なこと」の相談が，面接の過程で「身体的なこと」「将来のこと」「家族のこと」へと深められていることがみてとれます。実力未発揮に関わる相談が，カウンセラーの傾聴と受容的な態度のもとに，身体や将来のことへと広がり深められていきます。

　その結果，当初は八方ふさがりに思えた状況も，さまざまな角度から対応策を模索する中で，自分らしい解決策を見出していく場合があります。競技場面でのつまずきが自己のあり方を問い直すきっかけとなり，それが人間的成長をもたらすという点で，大学生アスリートに対するカウンセリングの意義がよく反映されていると思われます。

● スポーツカウンセリングルームが提供する学生支援サービス

　第3章1節で述べた通り，スポーツカウンセリングルームでは，総合大学における「学生相談室」と同様の機能を果たすため，さまざまな活動を行っています。具体的には，
　　①個別の心理相談活動（狭義のカウンセリング）
　　②教育・啓発活動（新入部員サポートプログラムやメンタルトレーニング講習会の開催）

③調査・研究活動（精神健康度に関するスクリーニング調査）
　　　④研修活動（事例検討会の開催，研修会への参加・情報交換，伝達講習）
　　　⑤自己点検・評価活動（活動報告会の開催，報告書の作成）
などです。
　以下では，スポーツカウンセリングルームが提供する学生支援サービスとして，大学生アスリート支援に特徴的な心理サポート活動を紹介します。
1）新入部員サポートプログラム
　スポーツカウンセリングルームの実施する調査・研究活動からは，大学生アスリート，とりわけ新入部員が高校から大学への環境移行に伴い，さまざまなストレスに直面することがわかってきました。日常生活のストレスに加えて，競技環境の変化（対人関係や競技レベル，練習内容の変化）に伴うストレスも大きく，そこでの対処の失敗を契機に，バーンアウトに発展させてしまう危険性があります。この問題の予防のためのメンタルサポートが新入部員サポートプログラムです。このプログラムは，構成的グループ・エンカウンターとよばれるグループカウンセリングの理論を拠り所とし，エクササイズといわれる心理的な作業課題に取り組む中で，参加者が本音と本音の交流を通じて心理的絆を深めることがねらいです（土屋，2012）。エクササイズには，ストレス対処スキル（ライフスキル）の学習などを組み込み，サポートネットワークを広げつつ，所属チームへの適応を促進しようとしています。
2）メンタルトレーニング講習会
　大学生アスリートにとって試合場面での実力発揮は大きな関心事です。また取り立てて個別の心理相談の申込みをするような，競技場面での心理的課題は意識していなくても，心理的コンディショニングの一環として，メンタルトレーニングを体験してみたいというアスリートは少なくありません。また，体育系大学の場合，将来指導者を目指す学生の多いことから，実践的なメンタルトレーニングへの関心は高いのが特徴です。このような大学生アスリートたちの要望に応えるため，メンタルトレーニング講習会を開催しています。講習会では，実力発揮に役立つ心理的スキルを紹介し，それを獲得するための実習を組み込んでいます。この基礎になっているのは，筑波大学のスポーツクリニックのメンタル部門の開設当初，責任者であった中込四郎教授が中心となって行った10セッションからなる講習会です。メンタルトレーニングの基礎理論を解説したテキスト（中込ら，1994，1996）を用いることで，将来指導者を目指す大学生アスリートが背景にあるスポーツ心理学の知識を学ぶことができます。最近では，アスレティックトレーナーを目指す学生の参加も増えています。

3) チームビルディング

　スポーツカウンセリングルームに持ち込まれる相談には、チームづくりやチームワーク向上に関するものが少なくありません。もちろん、このような相談に対しても、個別の心理相談を通じて、来談したキャプテンやコーチが主体的に課題を解決できるよう、サポートしていく方法があります。一方最近では、来談したキャプテンやコーチと協働して、スポーツカウンセラーが直接的にチームに関わる、チームビルディングとよばれる方法を採用する場合もあります。例えば本学の強化指定を受けているあるチームは、2か月後に全日本学生選手権（インカレ）を控えてエースが負傷し、チームは地方大会でも敗戦するなど危機的な状況にありました。しかし来談したキャプテンとの話し合いの中でこの危機をチャンスに変えうる感触も得られました。同時に監督からも依頼があったので、スポーツカウンセラーが直接チームの合宿に出向いて、集団凝集性および集合的効力感を高めるグループワークを中心としたチームビルディングを実施しました。インカレでは「ピンチはチャンス」を合言葉に持ち味のチームワークを十分に発揮し、創部以来の初優勝を遂げました（土屋, 2012）。

第4章
受傷アスリートへの心理サポート

1節　スポーツ傷害とスポーツ心理学

　スポーツ傷害は身体の問題であると同時に「こころ」の問題でもあります。受傷が引き金となって，抑うつ，不安，競技意欲の低下，孤立感，焦燥感といった心理的問題を訴え，来談してくることがあります。また，受傷の背景に自身の心理的問題や課題に気づいて来談するケースは少ないですが，カウンセリングの過程で気づき，取り組んでいくことがあります。このようなことから，アスリートにおける怪我と心理との関係は，「結果」でもあり「原因」ともなっているといえます。

　もちろん，受傷したアスリートがカウンセリングルームを訪れる目的は，怪我の治療やリハビリの指導を求めてはおらず，何らかの心理面からのサポートの必要性を自覚したからにほかなりません。また，受傷直後に心理サポートを必要として来談するアスリートはいません。

　アスリートのリハビリに付き添う優れたアスレチックトレーナーは，身体面の専門性だけでなく，心理面も配慮した取り組みを行っています。筆者の知るところでは，藤井均がその1人です。彼は日々のトレーナー経験を踏まえ，雑誌のインタビュー記事の中で「『身体が傷ついたことでこころも傷つく』というのは当然考えられることですが，『身体の傷が癒えると，こころの傷も自動的に癒えるか』というと，必ずし

もそうではありませんでした」(Fujii, 2000) と述べています。そして，藤井はリハビリにおける受傷アスリートの「目標設定」「指して意識 (sense of control：自己決定感)」「主体性」を重視しながら，「Cure (キュア) と Care (ケア) による Core (コア) の変化」といったリハビリによるアスリートの心理面での積極的変化を促すような関わり方に言及しています。ここでは，Cure を身体の癒し，Care をこころの癒し，そして Core を核として，アスリートの中心となる部分を意味しています。

本章では，受傷アスリートの心理サポート現場とのつながりの強い，スポーツ心理学領域で得られたこれまでの研究知見の紹介を行っていきます。リハビリの場では，アスレチックトレーナーとの連携を保つことで，スポーツ心理学を専門とする者の活躍する場が期待できるのです。

2節　スポーツ傷害による心理・身体的影響

スポーツ選手にとって怪我は避けて通ることのできない問題です。怪我によってアスリートは一定期間の競技停止を余儀なくされるために，競技能力の低下を導き，最悪の場合にはアスリートとしての引退を迫られます。このような怪我はアスリートに受傷部位の損傷や可動域の制限といった身体的影響だけでなく，不安や焦りといった心理面にも影響を与えます。さらに，怪我による長期間の離脱は，アスリート自身にとっての問題であると同時に，彼・彼女らを取り巻くチームスタッフにとっても大きな問題になり得ます。スポーツ心理学分野では，このようなスポーツ傷害に関わる種々の問題事象に対して研究が行われてきました。そこでは，スポーツ傷害発生に関わる心理要因の解明，およびリハビリテーション過程（リハビリ）における早期復帰またはリハビリへの専心性（リハビリへの積極的な取り組み）に関わる心理要因の解明という2側面から検討されてきました。

スポーツ傷害の発生に関わる心理要因の解明を目指した研究では，スポーツ傷害の頻度や重症度と，パーソナリティまたはライフ・ストレスとの関係に注目して研究が進められてきました。例えば，ホームズとレイヒ (Holmes & Rahe, 1969) はライフ・ストレスの程度を

低・中・高に分け，高ストレス群はスポーツ傷害の発生率が有意に高かったことを報告し，ジャクソンら（Jakson et al., 1978）は 16PF 人格検査を実施し，精神的に弱く，周囲に打ち明けることのできない性格特性をもった選手が怪我の発生率や程度が高かったことに言及しました。また，上向ら（1994）は何度も怪我を負う選手，痛みに対する不自然な訴えをする選手，治っているのに復帰できない選手を負傷頻発選手（injury-prone athlete）と位置づけ，彼らのパーソナリティ特徴をロールシャッハ・テストによって検討しました。彼らは，負傷頻発選手が資質以上の高い要求水準を自らに課し，対人関係における疎通性の低さ，洞察力や現実検討能力の低さ，平凡さを嫌うこと，自己主張的・独断的な傾向にあることを報告しました。一方，岡ら（1995）や上向（1997）はスポーツ傷害に関する先行研究のレビューを行い，両者の関係に一貫した見解が得られていないことを主張しました。そして，その背景に測定用具などの方法論的問題を指摘しました。鈴木・中込（2011）はスポーツ傷害におけるソーシャルサポート研究を概観する中で，上記のような方法論的問題だけでなく，スポーツ傷害の発生には身体要因，環境要因，心理要因，社会文化的要因が関わっており（Wiese-Bjornstal et at., 1998），スポーツ傷害発生を心理要因からのみで検討することの限界や，受傷後の心理的影響の大きさゆえに，早期復帰を目指した支援への重要性が高まったことを挙げています。そういった背景から，スポーツ傷害発生に関わる心理要因の解明ではなく，リハビリ過程におけるリハビリ専心性や早期復帰につながる心理要因の解明に注目した研究に移行していったのです。

リハビリ過程におけるリハビリ専心性や早期復帰につながる心理要因を検討した研究は 1990 年代頃から増加し，おもに受傷による心理・身体的影響が研究されてきました。例えば，ウェイスとトロクセル（Weiss & Troxel, 1986）は受傷後に身体的反応として筋疲労や不眠など，心理的反応として不信，恐れ，抑うつ，疲労感などを報告しました。また，ピアソンとジョーンズ（Pearson & Jones, 1992）は受傷に伴い，高い緊張，敵意，失望感，疲労感や情緒混乱を認めました。そして，ジョンソンら（Johnson et al., 2012）は，リハビリ期間中の受傷アスリートの潜在的問題として，競技アイデンティティの喪失，食行動の変化，恐怖，不安，自信の喪失，チームから離れるこ

とへの罪悪感，痛みに対する無力感，ソーシャルサポートネットワークからの離脱，不規則な睡眠，復帰への執着などを挙げています。さらに，鈴木・中込（2013a）は受傷に伴って，競技意欲が低下し，不安，焦り，孤立感，失望感，疲労感が増加したことを明らかにしています。このように，アスリートにとってのスポーツ傷害は身体だけでなく，心理社会的にも大きな影響を及ぼします。しかし，そういった心理的反応が常に続くわけではなく，その変容過程にも注目されるようになりました。

3節　受傷アスリートの情緒的変容

　先に述べたように，アスリートは受傷に伴ってネガティブな情緒反応を表出します。しかし，その状態が復帰まで変わらずに続くわけではありません。ネガティブな情緒反応の表出は受傷から時間が経過することによって軽減していきます。クインとファロン（Quinn & Fallon, 1999）は受傷から復帰にかけて自信や活動力が増加し，ネガティブな情緒反応が減少したことを報告しています。また，ブリューワーら（Brewer et al., 2010）はACL再建術を受けた108名に質問紙調査を行い，6か月後，12か月後，24か月後に競技アイデンティティ尺度およびリハビリの進展度を測定しました。そこでは，6か月後から12か月後の間にリハビリの進展度が増加しないアスリートは競技アイデンティティ得点が低いことに言及しました。そして，ポジティブなセルフイメージが脅かされることがリハビリへの困難さにつながることを示唆しています。このように，受傷後にネガティブな情緒反応は減少する場合が多いですが，身体面が回復に向かっていても，競技者としての心理的な準備ができずにリハビリ期間を経過し，現場復帰を果たすこともあります。そのような場合には，再受傷の不安を抱えたまま競技に打ち込むことになり，復帰後の競技力停滞の可能性が高くなります。そのため，身体だけでなく，心理的準備が必要とされ，情緒の回復過程が検討されるようになりました。そこでは，アスリートが受傷後に心理的に大きな喪失感を味わうことから，受傷後の情緒的変容過程が精神分析における悲哀過程によって説明可能とされてきました。

小此木（1979）が説明する対象喪失反応を参考にすると，受傷アスリートの喪失反応としては，自己を一体化させていたチームからの離脱，チームでの地位・役割の喪失，アイデンティティの喪失，身体的自己の喪失などが考えられます。そういった喪失反応は時間と共に消えるのではなく，さまざまな感情体験を繰り返し，悲しみと苦痛の心理的過程を通して，対象喪失に対する断念と受容の心境に達することができると考えられてきました。そのような背景から，受傷後の情緒変容過程はキューブラー・ロス（Kübler-Ross, 1969）の臨死5段階モデルを援用して，検討されてきました。彼女は死を告知された後の患者の反応として否認→怒り→取り引き→抑うつ→受容といった時系列的な変容を明らかにしました。そして，受傷アスリートにおいてもそのモデルを当てはめ，一定の成果を得てきました。例えば，マクドナルドとハーディー（Mcdnald & Hrady, 1990）はPOMS（Profile of Mood States）を用いて受傷アスリートの情緒反応の時系列的な変化を認め，キューブラー・ロスのモデルと受傷アスリートの情緒変容が近似することを主張しています。一方で，上向・中込（1992）は受傷アスリートに臨死5段階モデルにおける否認の機制が認められなかったことを示唆しています。このようにモデルの一部が当てはまらないといった報告もありますが，その最終段階に位置づく受容がリハビリへの能動的な取り組みにつながることは多くが認めるところです（例えば，中込・上向, 1994）。そして，辰巳・中込（1999）はスポーツ選手の傷害受容の心理行動的特徴を検討しました。そこでは，スポーツ傷害の受容を予測する上で有効な視点として，情緒的安定性，時間的展望，所属運動部における一体感，脱執着的対処という4側面を挙げています。

　また，上記のような段階説だけでなく，個人差を考慮してリハビリ過程を評価できる認知的評価モデルも提唱されています（例えば, Brewer, 1994; Wiese-Bjornstal, 1998）。そこでは，まずパーソナリティ，ストレッサー歴，対処資源，介入などがスポーツ傷害発生に影響を与えるとしています。そして，受傷後は個人的要因や状況的要因によって影響を受ける認知的評価，行動的反応，情緒的反応が相互に影響し，回復結果を規定するといったモデルを想定してきました（図4-1）。これらによって選手個々がたどる異なる過程が説明可能である

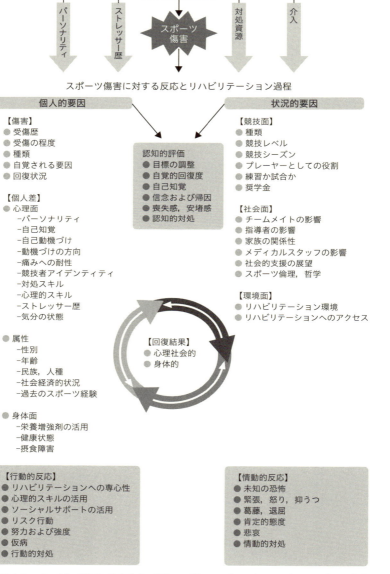

▲図4-1　ウィゼ・ビヨンスタルら（Wiese-Bjornstal et al., 1998）のスポーツ傷害への心理的反応とリハビリテーション過程に関する統合モデル（今井, 2008）

としました。

　以上のように，段階説や認知的評価モデルによって受傷後のアスリートの情緒的な変容過程や行動の変化を検討し，説明がなされてきました。

4節　スポーツ傷害のもつ意味

　アスリートはこころの問題を身体的あるいは広義のパフォーマンスの問題によって表出することがあり，スポーツ傷害もその1つと考えられています（例えば，中込・鈴木，2017）。数は少ないですが，これまでに報告されたスポーツ傷害の心理相談事例からは，怪我をすることで心身の休養を果たしたと読み取れる場合や，不自然ともいえるような身体的な痛みの訴えの背景に心理社会的な悩み（訴え）が考えられる場合（鈴木・中込，2015，後述）があります。このように，受傷アスリートの痛みの訴えに耳を傾けていると，スポーツ傷害を負った心理的意味がみえてきます。鈴木（2012）は，山中（1985）や岸本（2005）が紹介したカナー（Kanner, L.）の症状論をもとにスポーツ傷害に伴ったアスリートの身体表現・反応の心理学的な意味を考察しています。カナーは症状の意味として「入場券みたいなもの」「呼子笛（シグナル）」「安全弁」「問題解決の手段」「厄介もの」といった5つを挙げており，それらを受傷アスリートに当てはめて考えることもできます。スポーツ傷害は「厄介もの」でありますが，心理的課題に取り組むための「入場券みたいなもの」となり得ることがあり，心身の問題を知らせる「シグナル」であり，身体やこころがこれ以上壊れないようにする「安全弁」であり，そして身体やこころの「問題解決の手段」であるともいえます。このようにスポーツ傷害は休養への「シグナル」や，これ以上こころの問題に触れないようにする「安全弁」としても働き，スポーツ傷害に向き合うことが「問題解決の手段」，つまり心理的成長への手がかりになることもあります。中込（2004）はスポーツ傷害を含んだ競技力向上の滞りとなるスポーツ障害が心理的問題の表出と読み取れることや，そこでの取り組みが心理的成長につながることに言及しており，上述の主張を裏づけることができます。

　また，アスリートのスポーツ傷害を受傷時期，競技特性，生育歴，競

技歴，家族歴などを踏まえて象徴的に捉えると，アスリートの心理的課題や傷害のもつ心理的意味がみえてくることがあります。オットー（Otto, 1991/1996）は「肉体は自分の秘密を漏らしているのである」ともいっているように，スポーツ傷害がアスリートの心理的課題を教えてくれることもあります。鈴木（2004）は腰の痛みを訴えた選手の事例を紹介し，そのクライエントにおいて怪我が競技について思い悩む時期や選手としての転機となる時期に発生していることを主張しています。また，彼はその中で腰の怪我の象徴的意味についても言及し，腰はその人の中心となる部分であり，人間としてもスポーツ選手としても中心部の痛みを伴うことをしないと次の段階に進めないと述べています。また，オットー（Otto, 1991/1996）によると，脚は「両足で現実という地に立つ」ということと関係があり，脚の怪我が主体をもって個性的に歩んでいこうとする時に発生する場合も考えられます。このように受傷アスリートにとってのスポーツ傷害は競争場面の回避，同情や関心を引くなどの無意識的動機が働いている可能性があり（Ogilvie & Tutko, 1966），象徴的な解釈が時に有効となる場合があります。しかし，「腰の怪我＝根源的な痛み」と教科書的に当てはめて解釈するのは慎まなければなりません。そのような因果的・一義的な意味づけでとどまっているような「意味の置き換え」的な解釈は，その当てはめた意味から対象者を捉えるという行為となり，対象者とそこに至る過程の吟味が不十分になりがちになります（長岡, 2011）。受傷アスリートの訴えを傾聴し，その背景についても考えながらさまざまな層から痛みの意味を考えていくことが必要となります。

　痛みの訴えの意味に関して，三輪・中込（2004）がさまざまな層から痛みの訴えの意味を傾聴することの有効性を示唆しています。アスリートの痛みの訴えは主観的なものであり，完全に理解するのは難しいですが，それが単なる身体的な痛みの訴えとしてだけではない場合があります。三輪・中込（2004）はソンダース（Saunders, C.）の「トータルペイン（Total Pain）」の考え方を受傷アスリートに適用する試みを行いました。ホスピス医療の必要性を訴えたソンダースは，終末期医療の緩和ケアにおいて患者と接する中で，患者の訴える痛みを薬物投与などの身体的アプローチのみで軽減させることに限界を感じました。そこで，彼女は痛みを緩和させるためには，患者の訴えを

身体的な訴えとしてだけではなく，心理的な痛み，社会的な痛み，スピリチュアルな痛みとして受け止めることの大切さを主張しました。「身体的な痛み」は文字通り病気になっている部位の痛み，「心理的な痛み」は怒り，不安，恐れ，抑うつなど，「社会的な痛み」は社会からの疎外感や経済的問題，「スピリチュアルな痛み」は生きる意味などの根源的な悩みを示しています。三輪・中込（2004）は5名の重篤な受傷経験をもつアスリートの分析を通して，彼らの訴える痛みにもトータルペインの考え方が適用可能であると主張しました（図4-2）。そこでは，アスリートの身体の痛みが心理，社会，スピリチュアルな痛みにつながることが想定されています（図4-2における実線の矢印）。また，アスリートの訴える身体的な痛みの背景に心理，社会，スピリチュアルな痛みがあることにも言及しています（図4-2における破線の矢印）。つまり，怪我による不安，焦燥感や疎外感，さらには怪我による競技者アイデンティティの喪失などの自己存在の揺らぎを身体的な痛みの訴えとして（代弁して）表現していることもあるのです。し

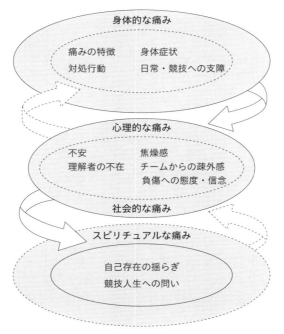

▲図4-2　受傷アスリートのトータルペイン（三輪・中込, 2004）

たがって，このようなアスリートの訴える痛みのダイナミクスを配慮しながら負傷選手に関わることは心理相談だけでなく，リハビリの現場でも有効になります（中込，2003）。これらの主張は身体的な痛みの訴えを無視して治療しないといっているわけでなく，痛みの訴えを多層から受け止めることの重要性を主張しているのです。

　[現場の声3]では，鈴木・中込（2015）の事例を紹介します。その事例では相談が進むにつれて，支援環境，心理，対処行動の変化が読み取れるだけでなく，腰の痛みという身体的な訴えの背景に，部内での孤立感などの心理社会的な痛みや競技との取り組み方への変容を迫られるといったスピリチュアルな痛みがあることを読み取れるに違いありません。

5節　受傷アスリートへのソーシャルサポート

　受傷アスリートへの心理サポートについて，先行研究や心理スタッフとしての経験から述べてみます。まず，受傷アスリートへの心理サポートに対してはソーシャルサポート（social support）研究が参考になります。ソーシャルサポートは「ある人を取り巻く重要な他者（家族，友人，同僚，専門家など）から得られるさまざまな形の援助」（久田，1987）と定義されます。そこでは，金銭や物質，アドバイスの提供などの有形の援助，そして傾聴や共感，励ましなどの無形の援助という2つの立場の援助を想定しています。ソーシャルサポートはストレス軽減につながるといった知見のもと，いくつかの研究が受傷アスリートに対するソーシャルサポートのリハビリ専心性への積極的効果を認めてきました（例えば，Levy et al., 2008）。また，ジョンストンとキャロル（Johnston & Carroll, 1998），ホアーとフリント（Hoar & Flint, 2008），鈴木・中込（2013a）は受傷時期によって選手の求めるサポートの提供者や種類が異なることを明らかにしています。そこでは，受傷直後は物質や金銭的支援，または慰めや傾聴などの情緒的サポート，復帰前は競技復帰に必要とされる情報的なサポートやコーチやトレーナーからの支援を希求し，男性はトレーナー，女性は身近な友人やチームメイトからの支援を求める傾向にあることが明らかにされています。このように，受傷アスリートに対するソーシャル

サポートは，受傷後の時期や個人特性に合わせて異なることが示唆されてきました。

　一方で，ソーシャルサポート享受によって，アスリートがどのように心理面が変化し，リハビリ専心性の向上につなげていったのかは先行研究において言及されてきませんでした（鈴木・中込，2011）。そこで，鈴木・中込（2013b）は受傷経験のあるアスリート3名への面接調査と2次資料（自伝本）による1名のアスリートの事例を分析・検討し，ソーシャルサポートを享受してからリハビリ専心性が向上するまでの心理的変化を検討しました。そこでは，ソーシャルサポート享受によって，自己の身体，競技することの意味，他者といった自己および他者への気づきや，スポーツ傷害の受容の深まりといった心理的変化が認められることを明らかにしました。そして，それらがリハビリ専心性の向上につながることを明らかにしました。鈴木・中込（2013b）の研究からは，リハビリ過程において周囲から支援を受けることによって，自分に対する気づき（理解）の深まりや，他者からの支えの実感を得ることができ，それらがリハビリへの取り組みを積極的にしていくと理解されました。

　［現場の声3］に，周囲からの支援，気づき，およびリハビリ専心性をはじめとした怪我への対処行動の関係を詳細に検討するために，鈴木・中込（2015）で紹介された心理相談事例を簡略化して提示しました。心理相談は一定の間隔で継続するのが一般的であり，アスリートは治療者との関係を基盤として，そこでの関係を競技場面の内外に広げていきます。つまり，相談過程を記述した資料は，ソーシャルサポートを用いた一種の介入研究としての様相をなしており，クライエントの変化を時系列的に検討することが可能となるのです。

受傷アスリートの心理相談

現場の声 3

ある大学生アスリートの心理相談の事例（鈴木・中込，2015）を紹介します（「　」は Cl の発言，〈　〉は Co の発言，# の後の数字は面接回数）。

- ▶ 事例：20 代の男子サッカー選手 A（来談当時）
- ▶ 主訴：「故障（腰痛）していて部活動で満足に練習できず，今後どのようにしていったらよいのか困っている。腰の痛みが気になり何をやるにも気力がわかない」という主訴で所属チームの先輩から紹介され，自発来談しました。
- ▶ 問題の経緯：彼の腰痛は，高校 2 年次の体育実技の柔道の授業中にギックリ腰を発症したことが発端となり，約 5 年間続いていました。高校時代は痛みを感じながらも競技を継続していましたが，大学入学後強い腰痛を訴え，部の練習から離れることが多くなっていきました。
  A は大学 1 年次にいくつかの医療機関で診察を受けていますが，いずれの機関でも明確な異常所見は認められませんでした。自分の納得のいく診断が得られず，A はいわゆるドクターショッピングを繰り返し，「異常がないので整形の方は真剣に対応してくれない」と訴え，3 年時に心理サポートを求めて来談しました。
- ▶ 面接概要：A は「レントゲンでの異常もないが，生活するのがつらい。嫌な痛み。練習状況に関係なく毎日のように痛い（#1）」と訴え，「辞めて他のことを，とも考えていたが，自分だけはなるまいと思っていたサッカー人間になっていた。サッカーを辞めたら友だちがいなくなる（#1）」と腰痛を抱えながらも競技の継続を強く望んでいました。A は「高校時代の友だちは痛みをわかってくれるが，大学の仲間はわかってくれない（#3）」「（高校の友人は）同じことをやっているし，よく自分のことをわかってくれる（#4）」と語り，大学のチームメート，コーチ，トレーナーなど（物理的距離が近い人物）から A の望むサポートが得られず，高校の友人（物理的距離の遠い人物）からサポートを享受していた様子でした。さらに，大学の友人との関係を振り返り，「自分がもし調子よかったら周りの人と同じようになるかもしれない。（中略）ともかく皆と考え方が違うなぁと感じる（#4）」と少しずつ周囲の考え方との違いに気づいていきました。腰の痛みについては「腰を治そうとするよりだましだまし

やっている（#5）」「怪我は付きものだし，それと付き合っていかなければならない（#6）」といった痛みに対する受け受け止め方に積極的な変化がみられました。#6 では「皆と一緒に練習できるようになって，後ろめたい気持ちが少なくなった。『けっこうプレーできる』と周りから声をかけられるようになったことも原因している」と語り，自身の変化と同期して周囲の関わり方が変化していったようです。そして，「（痛みが）きつい時には居場所がない感じ（#7）」「僕は精神的に弱い。自分の弱いところをみるのが嫌（#7）」と自身の状況に対する気づきが深まっていったようです。サポートが徐々に身近な他者から得られ，自身への気づきが深まるにつれて，セルフケアや競技に対する負荷のかけ方などにおいて積極的な変化が見受けられるようになりました。また，面接開始時には，具体的なセルフケア行動やリハビリへの取り組みに言及されることはありませんでしたが「できるだけケアに注意するようにしている（#7）」「昨日9時まで大学に残ってトレーニングしていた（#8）」という主体的なセルフケア行動を行うようになっていきました。さらに，Aは「最近ハリに行ってもあまり効かない（#9）」と語っているように，これまでの対処方法とは異なり，ストレッチや積極的セルフケアを行いながら，競技に専心していきました。そして「周りは全国大会，関東リーグと意欲的だった。…何か，周りとの距離や疎外感を強く感じた（#8）」と周囲との関係から競技を振り返りました。また，「一部の仲間に自分のつらい気持ちを聞いてもらい，わかってくれた（#9）」と，周囲との関係の変化（身近な他者からのサポート提供）を語りました。その後，長期合宿等により，1か月後に来談しました。「（合宿は）少し痛みはあったが自分のペースで何とかこなすことができた（#10）」「合宿の後，一時帰省した。日程が合わず高校の仲間とそれほど会えなかった（#10）」と語りました。この段階でのAは，すでに以前の高校時代の友人をサポート源としてそれほど重要視していなかったと推測されました。そして，「これからは，練習試合からベストなパフォーマンスをしたい」とこれまでの競技との関わり方の変容を実感していきました。その後，彼との面接は継続しませんでしたが，紹介者の先輩は，「自分なりの目標をもってやっていた様子。（中略）頑固さはまだ残っているようだが，以前より仲間の意見にも耳を傾けるようになった」と語りました。

　上記の事例の討議を踏まえて，受傷アスリートへの心理的支援方法について考えてみます。

Aは，大学入学後も「よく自分のことをわかってくれる（#4）」高校の友人（旧環境）からサポートを求めていました。しかし，「一部の仲間に自分のつらい気持ちを聞いてもらい，わかってくれた（#9）」と，徐々にAにとって身近な他者（新環境），つまり現在の生活の中でサポートの得られやすい関係にある他者に移行していきました。また，Aは「ともかく皆と考え方が違うなぁと感じる（#4）」「自分の弱いところをみるのが嫌（#7）」「周りは全国大会，関東リーグと意欲的だった。…何か，周りとの距離や疎外感を強く感じた（#8）」と語り，自己や他者への気づきが深まっていきました。そして，それらと同期して対処行動への変化が認められました。対処行動に関して，Aは「できるだけケアに注意するようにしている（#7）」「昨日9時まで大学に残ってトレーニングしていた（#8）」「これからは，練習試合からベストなパフォーマンスをしたい」と語り，支援環境が整備され，気づきの深まると同期して，リハビリ（セルフケア）への専心性や競技との関わりが変化していったのです。

　上記の事例からは，彼が自分を理解してくれるカウンセラーとの関係を基盤として，それを競技環境にも広げ，少しずつ身近な周囲に支援を求めていったことが読み取れます。そして，支援環境の充実と同期して，自己への気づきや対処行動への積極性の増加がみられるようになりました。このようなことから，受傷アスリートを支援する上で大切になるのは，まず受傷アスリートの気持ちを理解することであると考えられます。しかし，それは同情ではなく，共感的に接することが競技復帰に向けた第一歩になります。他者に共感してもらえることによって自身の感情を表出し，こころが癒されていきます。また，自分の感情を表出し，それを他者に受け止めてもらうことによって，自己への気づきを深めていくのです。

　それでは，コーチやトレーナーなどの現場スタッフはどのように関わればよいのでしょうか。藤井（2000）は選手との関わり方について「尽くす」ということから考察しています。彼は「選手に尽くす」という行為が尊いことであるとしながらも，ネガティブな側面があることに言及しています。それは，「自分の存在価値を確認しようとする行為」や「自分の癒えていない傷を癒すために他人に関わろうとする行為」です。前者は選手から必要とされることに自分の存在意義を見出すこと，後者は自分の競技者の時に果たせなかった夢を（勝手に）選手に託そうとすることが例として挙げられています。このような関わり方をするとトレーナーは必然的に選手に何かをしてあげようとすることになり，選手の主体性が損なわれてしまう可能性が高くなります。そうすると，選手はよりトレーナーに支援を求め，トレーナーも選手に必要とされるので嬉しくなり，さらに支援を提供するという循環が生まれます。このような循環のすべてが悪いわけではありませんが，自分では何もしない（できない）受動的な選手を育成してしまう危険性があります。も

ちろんトレーナーは選手の身体的ケアを行う必要はあるものの、選手がトレーナーに痛みを取ってもらうだけでなく、自らこころや身体に語りかけ、心身の変化を実感しながら能動的にリハビリを行うことが怪我からの早期復帰やその後の選手としての成長につながるのです。そこで、藤井は選手に何かをする「行為者」の役割だけでなく、そこに居る者としての「存在者」の役割が重視されるべきだと主張しています。つまり、何か手助けをするという物理的エネルギーを使うことだけでなく、選手のことを必死に考えながら選手を見守るという「こころ」のエネルギーを使う必要があると主張しているのです。そのような関わり方によって、選手はその人の存在を支えにして、自身のリハビリへの取り組みや、時には競技への取り組み方をも変えていくのです。それは、第4章の冒頭で述べた、身体を癒し（Cure）、こころを癒し（Care）、アスリートの中心となる部分（Core）を変化するといった氏の主張につながっていくのです。

　心理サポートを行う立場からは、以上のような関わりが必要だと考えています。これは心理サポートスタッフに限られたことではなく、周囲のスタッフは選手が主体的に考え、行動できるような場を設定し、関わることが求められます。また、スタッフはそれぞれが単体で動くのではなく、情報共有しながらそれぞれの専門性を生かし、連携して選手に関わっていく必要があります。

第5章

スポーツ心理学を活かした私設開業

活かせる分野

　本章では，スポーツ心理学を専門とする筆者が，私設開業をした事例を紹介します。事例の中では，具体的な事業内容の説明および私設開業に関する今後についても考えます。

1節　開業者の専門領域

　スポーツ心理学と一言でいっても，その専門領域はさまざまです。開業者である筆者は，スポーツ心理学の中でも，特にオリンピック選手などトップアスリートのメンタルに関わる領域を専門としています。アスリートのメンタルに関わる専門家の領域には大きく分けて2種類あります。図5-1は，アスリートのメンタルに関わる専門家の領域を表したマートン（Martens, 1987）の「臨床的スポーツ心理学と教育的スポーツ心理学の区別」の図を参考に，日本にある資格名称を用いて説明したものです。

　筆者は，日本オリンピック委員会（JOC），日本スポーツ振興センター（JSC）をはじめ，ゴルフ，バスケットボール，野球，サッカーなどのプロスポーツ団体でさまざまなスポーツ心理学に関する指導，研修を行う立場です。直接，指導者や選手に会う機会も多いですが，必ず大切にしていることは，スポーツ心理学の現場応用の発展です。そのためには，私たち，スポーツ心理学を専門とする側が，「自分は誰か？」

▲図5-1　アスリートのメンタルに関わる専門家の領域
　　　　（Martens, 1987）

「何ができる人間で，何ができない人間か？」を説明しなければ，指導者や選手に正しく使ってもらうことができません。正しく使う方略を現場が理解できなければ，いくら良いサービス内容をつくっても，そのサービス提供は受け入れられず，結果的に開業しても経営を継続することができないからです。

　特に，アスリートの心理に携わる専門家の種類は最初に説明することが重要です。図5-1をもとに，下記のように説明します。

マイナスからゼロを専門とするアスリートの心理に携わる専門家
　　既存の職種例：臨床心理士，精神科医（SMT指導士がこれらの資格を保持している場合もある）
　　対象ケース：メンタルヘルス全般。Well being全般。選手（あるいは指導者）が日常の生活や練習を続けられなくなったとき（食べられない，眠れない，チームから孤立するなど），競技意欲の著しい低下など

ゼロからプラスを専門とするアスリートの心理に携わる専門家
　　既存の職種例：SMT指導士（臨床心理士，精神科医がこの資格を保持している場合もある）
　　対象ケース：競技力向上全般。選手（あるいは指導者）が日常に問題はないが，さまざまな状況で，さらに実力を発揮できるようにメンタルを鍛えるため

以上のように，職種について説明した後は，同じ資格を保持している専門家の間でも，人それぞれ，さらに専門分野があることを説明します。例えば，スポーツメンタルトレーニング（SMT）指導士の中でも，マンツーマンの心理カウンセリングを重視して競技力向上のサポート

をする人もいれば，指導者やフィジカルトレーナーとの協同でチームのメンタルを包括的にサポートしていくことを得意とする人もいます。さらに，同じ「競技力向上サポート」でも，メンタルトレーニングの手法は専門家によってまったく違います。

　こういったスポーツ心理学の専門家の多様性の理解が，まだ日本の競技の現場に浸透していないことは，私たちの課題です。先に挙げたように，メンタルトレーニング1つとっても，その手法は，SMT指導士の専門的背景によってまったく異なるものになるはずなのに，実際，現場の指導者や選手は，「1度メンタルトレーニングを体験したが，そのトレーナーのやり方が好きではなかった」という理由だけで，メンタルトレーニング自体を続けないということがあったりします。もしも同様のケースが，フィジカルトレーニング場面で起きたとしたらどうでしょう。「この筋トレの手法は自分に合わない」「このコンディショニングのやり方は求めていたものではない」となっても，フィジカルトレーニング自体をやめることはないでしょう。他のトレーニング方法を探したり，同じトレーニング手法でも違う指導者を探したりするはずです。これは，私たちスポーツ心理学専門家にとって大きな課題です。スポーツ現場で，しっかりとさまざまな領域の心理学を有効に取り入れてもらうためにも，それぞれの専門家の専門領域を明確に説明することが大事です。

　私設開業においては，開業者自身の説明は当然重要ですが，それ以前に，「スポーツ心理学」というものについての基本的な理解の促進や，素晴らしさを広める努力をすることがたいへん重要です。そのために，以上のような説明を明確に丁寧に行うように努めています。

2節　事業内容

　次に事業内容を説明します。筆者が経営する会社の事業には，おもに，「企業研修・講演・個別コンサルティング事業」「メディア・出版事業」「五輪パラリンピック関連の研究事業」があります。すべての事業の背景にあるスポーツ心理学の学術的理論背景は，2つです。1つ目は，「トップアスリートのストレスコーピング方略」，2つ目は，「オリンピック選手の競技引退時の心理」です。以下に，それぞれの先行

▲図 5-2　一般を対象にしたスポーツ心理学に関する講演風景（講師は筆者）

▲図 5-3　外資企業の部門マネージャー対象の企業研修風景

▲図 5-4　個別のスポーツ心理コンサルティング風景

▲図 5-5　メディアを通してメンタルトレーニングを紹介する

研究や概要を示します。

1. 事業内容の学術的背景その1：トップアスリートのストレスコーピング方略

（1）ストレスのコーピングとは

「トップアスリートのストレスコーピング方略」を説明する前に，そもそもストレスとは何か？コーピングとは何か？について説明します。

ストレスとは，心身の適応能力に課せられる要求（ストレッサー），およびその要求によって引き起こされる心身の緊張状態（ストレス反応）を包括的に表す概念のことです。ストレスとは，もともと「圧力」「圧迫」などを意味する工学・物理学用語でしたが，1930年代後半に生理学者のセリエ（Selye, H.）が，「外界のあらゆる要求によってもたらされる身体の非特異的反応」を表す概念として提唱しました。また，セリエ（Selye, 1956）はストレスにはディストレス（distress：

不快ストレス）とユーストレス（eustress：快ストレス）の2種類があることも指摘しました。

このようなストレス反応を低減することを目的とした，絶えず変化していく認知行動的努力のプロセスをコーピング（coping）とよび，これは「対処努力」と訳されています。ラザルスとフォルクマン(Lazarus & Folkman, 1984) は，環境からの要求に対する認知的評価やコーピングという考えを導入し，環境と個人との相互作用を強調する心理的ストレス・モデルを提唱しました。これは，例えば，人が直面する事態（環境からの要求）そのものがストレス反応を引き起こすのではなく，直面する事態の有害性（一次的評価）やコントロール不可能性（二次的評価）という認知的評価によって，初めてストレス反応を引き起こすストレッサーになり得るとする考えであり，こうして生じたストレス反応は，その低減を目的としたコーピングを起こす動機づけになると考えられています。

このように Clinical Psychology の領域で発展してきたコーピングの目的は，悪いストレス反応を低減することです。いわゆるストレスによって，眠れない，食べられない，社会生活が送れないなどの支障が出たクライアントに対して，マイナスな状態をゼロに戻すための対処行動として，コーピングを行うというものです。実際，これまでにうつ治療などで効果を上げてきました。

(2) トップアスリートのストレスコーピング方略とは

Clinical Psychology の領域で発展してきた，悪いストレス反応を低減することを目的とするコーピングに対して，「トップアスリートのストレスコーピング方略」では，ストレスを低減しない場合もあります。例えば，その個人にとって，たとえ心身の健康を考えれば，悪いストレスでも，その状態を継続すること自体が，パフォーマンス向上になるのであれば，あえて低減しようとしないこともあります。「この悪いストレスは受け入れるのだ」と認知するコーピングによって，自分が求める目標を達成することがあります。また，個人によって，ストレスには良いストレスもあることをすでに示しました。良いストレスは増やしたり，調整したりして，プレッシャーの高い現場で実力を発揮するといったコーピングも存在します。メンタルタフネスが必要

なアスリートにとっては，マイナスになった心身の状態を日常の状態に戻す＝ゼロに戻すことも重要ですが，そこで止まることなく，自身の身体反応や感情反応を整えながらさらに自分のやる気を向上させ，ゼロからプラス，そして，プラスから極限状態（extraordinary）にまでも，自己の限界を追求し続けるコーピングが重要だからです。

筆者の会社では，この考え方に基づいて，アスリートに限らず，企業のビジネスパーソンや子どもをもつ保護者に対しても，「実力発揮コーピングトレーニングプログラム」を提供し，個々の目的にあわせた実力発揮までのサポートをしています。参考として簡単にプログラムの概要を記します。

（3）実力発揮コーピングトレーニングプログラムの例

下記に，ある選手のプログラム導入事例を簡単に説明します。

①講義「ストレスとは何か，コーピングとは何か」を受講する
②自分の良いストレスと悪いストレスを考える（1週間の宿題）
③それぞれのストレス刺激とストレス反応について言語化できる練習をする
④講義「ストレスは人によって異なる」を受講する
⑤人によって異なる事例を考える（1週間の宿題）
⑥自分のストレス刺激とストレス反応の間にある「評価」について考える
⑦さまざまなスポーツ場面で起こりうる「ストレス発生状況」を考える
⑧それぞれの場面での「コーピング」を考える
⑨いくつかの場面での具体的なコーピング方略を決め，実行する
⑩実行したものを検証，評価する
⑪独自のコーピング方略の種類を増やし，どんな場面でも常に実力発揮を目指す
⑫実際に実行してわかった課題点を出して，改善点を考える

以上のように，「学び，自分で考え，実行する」というサイクルをつくりながら，その都度，さまざまな既存のコーピング方略も学んでいきます。例えば，自律神経の調整を促す呼吸法や，瞑想などを取り入

れることに興味がある選手には，そういった身体反応からのコーピングも導入していきます。どの段階においても，選手の場合，競技力向上には，心技体の3つの連動が重要なので，フィジカルトレーナーやテクニカルコーチとの情報共有も重要です。

(4) パラリンピック選手へのコーピングトレーニング

筆者は，2016年リオデジャネイロパラリンピックに出場した車椅子バスケットボール男子日本代表チームのメンタルコーチを担当しました。2013年からチームより依頼を受け，大きく3つの側面で関わりました。それは，「ヘッドコーチがスポーツ心理学をチーム戦略に織り込めるようになるためのマンツーマン指導」「選手だけでチームスピリットを構築するための指導」，そして「個々の選手の実力発揮コーピングづくり」です。代表チームは12名の選手から構成されており，それぞれに，生まれながらに両足がない選手，小さい頃に交通事故にあった選手，社会人になってから足を失った選手など，現在の足の状態になった経緯も違えば，当然，「その自分の身体についての受け止め方」もさまざまです。しかし，共通点は，「本番で実力を発揮したい」という選手たちなので，その点で，筆者は，オリンピック選手やプロスポーツ選手へのメンタルトレーニングとまったく同じ立ち位置で，メンタルトレーニングを試みました。この仕事で改めて学んだことは，「心と身体の相関」です。片足の選手，太くしっかりとした両足があっ

▲図 5-6　リオデジャネイロパラリンピック車椅子バスケットボール男子日本代表のメンタルコーチをつとめた

ても動かない選手，両足とも膝下はないが，まったく問題なく動く選手など，同じ車椅子バスケットボール選手でも，身体の状態はさまざまであり，その身体を司る心の状態はまさに多様です。個々の選手から一つひとつ聞きながら，その選手にあったコーピングをつくっていくことには，筆者にとって学ぶことが多かったです。

2．事業内容の学術的背景その2：オリンピック選手の競技引退時の心理

　次に，2つ目の学術的背景を説明します。スポーツ心理学には，アスリートの競技引退時の心理に関する研究分野があります。

　どんなアスリートもいつかは競技引退を迎えます。トップアスリートの場合，引退後に，競技以外に目標を見出せず，人生そのものの目標を失ったり，アイデンティティ葛藤，拡散を経験することが研究でも明らかになっています。そのようなときの「アスリート特有のストレスコーピング」も，事業の背景にあります。

　1980年代以降，「トップアスリートの競技引退時における心理葛藤」の研究はさまざまな角度から行われています。

　オジルビーとハウ（Ogilvie & Howe, 1982）は，競技引退時の心理的問題を引き起こす要因の1つとして，アスリートの「セルフアイデンティティ」を挙げ，アスリートが「自分自身に価値を感じる手がかりを競技での成功に起因させている度合い」が，競技引退時の心理状態に影響するとしています（Blinde & Greendorfer, 1985; Ogilvie & Howe, 1982; Svoboda & Vanek, 1982）。このアスレティックアイデンティティ（競技での成功を通して構築されていくアスリートとしての自分）を過大にもちすぎているアスリートは，競技引退後の人生への心理的準備が足りなかったり（Baillie & Danish, 1992），自分のスポーツ以外のキャリアは考えられないといった限定されたキャリアプランしか描けなかったりするといわれています（Blann, 1985）。その結果，「競技引退」という人生の節目が，あたかも「人生の大切な一部がなくなってしまったと感じるほどの」大きなできごとになり，喪失感があまりに大きいときには，人生の修復ができないようにさえ感じることもあることが研究で明らかになっています（Werthner & Orlick, 1986）。

人間は，成長していく中で，さまざまなRole（役割）を経験し，「私とは誰か」を多面的に構築するプロセスが必要だと仮定するならば，アスリートは競技人生の中で，実に特殊な人生経験をしているということになります。もちろん，その特殊性ゆえに「競技から得られる貴重な経験」があることは否定できません。実際，アスレティックアイデンティティが競技パフォーマンスにポジティブに影響することもわかっています（Werthner & Orlick, 1986）。しかし，同時に，「自分はアスリートだ」というアイデンティティを肥大化させることによって，アスリートが "unidimensional" people（単一次元の人間）（Coakley, 1983; Ogilvie & Howe, 1982）になるという弊害があり，このことを常にスポーツに関わるすべての人々が考えなければいけません。

　アスレティックアイデンティティの問題を含め，現役引退時に伴う選手特有の心理的問題としては，以下のことが先行研究では挙げられています（Taylor & Ogilvie, 1998）。

　　①競技そのものから得られたさまざまな価値の消失に対する失望感
　　②これまでの自己アイデンティティを消失したと思ってしまう寂寥感
　　③引退せざるを得なくなった場合の外的環境に対する怒り
　　④将来への漠然とした不安
　　⑤選手という特別なステイタスの喪失に対する失望感

以上のような学術的背景をもとに，筆者の経営する会社では，アスリートだけに限らずビジネスパーソンや子どもをもつ保護者など広く一般に，「人生の節目で起きるさまざまなストレスに対するコーピング」としてのサービスやプログラムを提供しています。

3節　私設開業に関する今後の未来

　スポーツ心理学を学ぶ学生からの「メンタルトレーニングの会社をつくりたい」という相談が徐々に増えてきたのは，ここ4，5年です。アメリカの国際応用スポーツ心理学会（AASP）では，毎年，「private practice（私設開業）」をしているスポーツサイコロジストによるワー

クショップがありますが，日本では，学術的根拠に基づいたスポーツ心理学の専門家による私設開業はまだ少数のようです。

筆者が，「心と身体の健康」を柱に，スポーツ心理学を事業の学術的根拠として起業したのは2001年です。経営は，競技と一緒です。利益や名誉といった外発的報酬を目的としていては長続きしません。あえて経営を「心技体」で表現するならば，経営体力や経営技術の根底にある「心＝なぜ経営をするのか」といった軸を，年数を追うごとに，太く長くしなやかに醸成し続ける内発的モチベーションが大事です。スポーツ心理学の専門家としての自己ならではの哲学と共に，それをどう世代継承していくか，といった「木を見て，森を見て，その森を見ている自分も見る」というような多視点・他視点で経営をすることで，同時に，スポーツ心理学の専門家としての深みも醸成できると感じています。

スポーツ心理学を学術的に専門として学ぶたくさんの優秀な人材が，常に学術的探求を極めながら，同時に，視点を広げていくことで，この分野の市場に対して，本当にスポーツの指導者やアスリートに役立つものであるとの認識が，広がることを願っています。

▲図5-7　企業研修では，社員が使えるコーピングのアプリを用いて，メンタルトレーニングを紹介する（システム会社との共同開発）

第6章
女性アスリートの心理支援の現状と課題

　本章では，代表クラスの女性アスリートが抱える問題ならびに彼女らの心理支援の現状や女性アスリートの特徴について，国立スポーツ科学センター（JISS）の調査結果（2016a）（代表：土肥美智子）と，日本および海外での事例をもとに紹介します。JISSでは，2013年度から文部科学省，現在はスポーツ庁の委託事業として「女性アスリートの育成・支援プロジェクト」を行っています。2014年～2015年度に行った現場に即した女性アスリートが望んでいる支援の調査研究は，代表クラスの女性アスリートが抱える特有の問題，ならびに彼女たちへの心理支援の現状や女性アスリートの特徴を知るきっかけとなりました。また，海外でも国際サッカー連盟（FIFA）医学委員会傘下のFIFA Medical Assessment & Research Centre（F-MARC）などが，ドイツのトップ女性アスリートを対象としたメンタルヘルスの調査を実施しています。日本だけではなく，海外でも女性アスリートの心理支援の必要性が示唆されており，心理面へのケアはトップアスリートの世界でも興味深い内容となっています。そして，今後，この方面でのスポーツ心理学の果たす役割が大きくなっていくものと思われます。

1節　実態に即した女性アスリート支援のための調査研究

　2012年～2013年度にJISSが行った女性アスリートの支援事業に

おいて，ある選手から適切な支援が行われていないという問題提起がありました。希望する支援の内容は人さまざまであり，支援者が主観的に考える一方的な支援内容では，被支援者の精神的・物理的環境が必ずしも改善するとは限りません。そこで，現場の希望に即した支援を効率的・効果的に行うための基礎資料を作成することを目的に女性アスリートの実態調査を JISS で行いました（後述の図 6-1，図 6-2，図 6-3）。女性アスリートがどのような環境・状況で競技を行っており，どのような支援を望んでいるのか等を把握しました。

調査では，身体面・心理面・人的・情報・環境整備・金銭的・キャリアプランのサポート，社会的評価と家庭生活，特に育児との両立に関する女性アスリートの実態を明らかにしました。合わせて，彼女らが求める支援についても明らかにしました。また，支援者となりうる対象は，競技団体，企業，JISS，家族など，女性アスリートを取り巻くすべての関係者からの支援と定義しました。

調査は，公益財団法人日本オリンピック委員会（JOC）強化指定選

▼表 6-1　JOC 加盟競技団体（52 団体 67 種目）

陸上競技	フェンシング	ボブスレー
競泳	柔道	スケルトン
飛込	バドミントン	リュージュ
水球	ライフル射撃	カーリング
シンクロナイズドスイミング	近代五種	バイアスロン
サッカー	ラグビーフットボール	ソフトテニス
テニス	カヌー	軟式野球
ボート	アーチェリー	相撲
ホッケー	クレー射撃	ソフトボール
ボクシング	トライアスロン	弓道
バレーボール	ゴルフ	剣道
ビーチバレーボール	テコンドー	山岳
体操	アルペンスキー	空手
新体操	クロスカントリースキー	柔剣道
トランポリン	スキージャンプ	なぎなた
バスケットボール	スキーノルディック複合	ボウリング
レスリング	フリースタイルスキー	野球
セーリング	スノーボード	武術太極拳
ウエイトリフティング	スピードスケート	スカッシュ
ハンドボール	フィギュアスケート	ビリヤード
自転車競技	ショートトラック	ボディビル
卓球	アイスホッケー	ダンススポーツ
馬術		

手およびJOC加盟競技団体（NF）の強化対象選手856名を対象としました（表6-1）。

図6-1，図6-2，図6-3に示す調査は2015年1～3月にアンケート形式で実施し，アンケートには578名が回答しています（アンケート回収率68％）。回答者の年齢は18～28歳が主で（最年少14歳，最年長50歳），職業別には学生・大学院生が41％と最も多く，続いて正社員が34％という結果でした。また，既婚者は4％，未婚者が96％と大多数を占めました。そして，子どものいる女性アスリートは9名でした。

1. 女性アスリートが抱える課題および求める支援

調査から，86％の女性アスリートが，程度の差はあるが何らかの心理的な問題を抱えており，一番大きな課題は心理であると考えていることがわかりました。ついで84％に女性アスリートが身体面に，83％が社会的評価に課題があるとしています。近年女性アスリートにとって心理面のケアが重要となっている実態がわかります（図6-1）。

心理面のケアについては，メンタルトレーニング，スポーツカウンセリングなど5つの項目を設定しその支援度合いについて調査しています（図6-2）。

スポーツカウンセリングは53％，メンタルトレーニングは33％がほとんど支援されていないと回答しました。自由記述では「精神面の

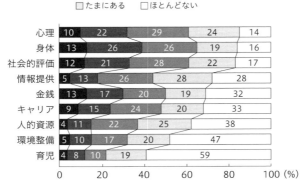

▲図6-1　**女性アスリートが抱える課題**（国立スポーツ科学センター，2016a）

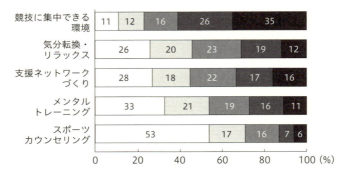

▲図6-2 女性アスリートにおける心理面の支援度合い（国立スポーツ科学センター，2016a）

サポートは，ほとんどありません。競技に関しては，コーチと両親だけがたよりで，常に不安定な状況」（10代，氷上系），「心理的なサポート，精神的なサポートをしてほしい。私の周りにもたくさん悩みを抱えている選手ばかりである」（20代，採点系），「メンタルトレーニングの必要性」（40代，標的系）と訴える声が挙げられました。結果から，心理面のケアを女性アスリートが求めているにもかかわらず，支援が十分になされていない実態がわかります。女性アスリートが必要と考える支援についても調査していますが，心理面のケアが，身体面のケア，金銭面の支援についで，3位となっています（図6-3）。

一方，女性アスリートがどの程度支援を利用しているかについて質問したところ，47％が「まったく利用していない」と回答しました。心理面のケアも含め，支援がそもそも提供されていないか，女性アスリートが利用し難い状況であると推測されます。

そして，現行の支援体制に対する満足度については，「少し満足である」が35％と最も多く，「満足である」が28％と続きました。満足の理由として自由記述に215名が回答していますが，そこでは，婦人科による診療，コーチやトレーナーなど女性スタッフの存在によって，女性特有の悩みが相談できたことが多く挙げられました。一方，特に問題なく競技ができているので満足という意見もありました。また「支援体制を理解できていない」と記載したアスリートが9％あり，女性アスリートに対する支援が適切に行われていない可能性を示唆する

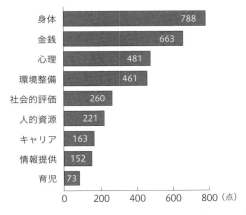

▲図6-3　女性アスリートが必要とする支援（N = 544）
（国立スポーツ科学センター，2016a）

回答も見受けられました。不満の理由としては「地方の支援体制不足」「男性スタッフには女性特有の悩みを相談できない」「結婚，出産と競技の両立に関する情報不足」「支援内容・周知・機会の不足」が数多く挙げられています。

　そこで，支援の利用状況と満足度の関連を分析したところ，17%が支援を利用しておらず不満であると回答しました。女性アスリートに支援がなされていない，もしくは支援されていても上手く利用できておらず不満を抱えているといった現状が推測されます。また，利用しているが不満であると17%が答えていることから，支援内容が女性アスリートにとって十分でない状況にあることが考えられます。

2．心理面の支援改善ポイント

　本調査結果から，女性アスリートの心理面の支援に対し，下記のような改善が必要と考えます。

- 気軽に相談できる窓口の充実：婦人科による診療，女性スタッフの配置，地方との連携等
- スタッフ育成：女性特有の悩みを理解し解決できるスタッフの配置等
- スポーツカウンセリングの充実：スポーツカウンセリングルーム，心療内科ならびに精神科クリニック等

・メンタルトレーニングの充実：スポーツメンタルトレーニング指導士等

　また，五輪メダル獲得者と五輪入賞者の必要とする支援の観点で分析を行いましたが，どちらも身体面のケアと金銭に関する支援を特に必要としている点は同じでした。しかし，心理ケアに関しては異なっており，五輪入賞者はメダル獲得者と比較し，心理面のケアをより必要と挙げていました。メダル獲得者を増やすには，心理面のケアを支援し女性アスリートの心理面を強化することが有効であることが推察されます。

2節　日本および海外での事例

　日本における心理カウンセリングの重要性は，臨床の現場において感じられるものとなっています。その裏づけとして，JISS 年報が示す心理カウンセリングの受診件数は，人的および外来枠の制限から受診件数の数字は頭打ちになりつつありますが，増加傾向にあることがわかりました（表 6-2）。

　海外における事例として，プリンツら（Prinz et al., 2016）によるドイツの女性トップアスリートを対象としたメンタルヘルスの調査があります。本調査において，選手は心理面のケアについて支援を必要としていますが，実際の利用は少ないことが報告されました。

　調査対象は 2000～2013 年にドイツのプロサッカーリーグのブンデスリーガでプレイした現役および引退した女性選手 157 名（回答率

▼表 6-2　心理カウンセリングの受診件数（国立スポーツ科学センター年報，2012-2017 より作成）

年	件数
2011	64 (37)
2012	102 (34)
2013	161 (47)
2014	165 (37)
2015	169 (33)
2016	165 (29)

注）括弧内は心療内科を受診した件数を示す。

64.1％）です。回答した選手の平均年齢は33歳（最年少20歳，最年長48歳），トップリーグでの平均プレイ期間は8.65年（最小1年，最大25年）でした。

　結果として，現役中40％の選手がうつではないと回答しましたが，少なくとも32％がうつ傾向にあったと回答しています。また，40％が心理療法士の支援を必要とすると回答しましたが，そのうち実際に心理学者もしくは心理療法士からのカウンセリングや治療を受けた選手は，その4分の1のみでした。また，パフォーマンス低下の主な理由として，47％が心理的緊張・ストレスを報告しています。現役の女性エリート選手にとって心理的支援が重要ではあるが，実際に心理ケアの支援の利用率は低いと，ここでもまたJISSでの調査結果と似た結果となっています。こうした報告からも，女性アスリートにおける心理ケアの重要性を考えていく必要があるとうかがえます。

　一方，気分低下の主な理由として50％がコーチ・マネジメントとの軋轢，40％がコーチからの支援・理解不足が報告されていることから，プリンツら（Printz et al., 2016）は，心理面のケアに対し下記のような改善ポイントを示しています。

- アスリートのメンタルヘルス問題の偏見の低減
- トップアスリートへ適切かつ受診が容易な心理サポートの提供
- コーチやチームドクターの教育

　海外におけるもう1つの事例として，ユンゲ・フェダーマン（Junge & Feddermann-Demont, 2016）による，スイスの現役エリートサッカー選手が抱えるうつと不安障害に関する調査結果があります。対象は，スーパーリーグ所属の男性選手211名，ナショナルリーグA所属の女性選手181名，U-21男性選手78名でした。調査から，うつと不安障害に陥るリスクのある選手は女性で約13％，男性で約8％いることがわかりました。この結果は，一般人と同様にエリートサッカー選手が気分障害に陥るリスクがあることを示すため，コーチおよびチームドクターはアスリートのメンタルヘルス問題に注目し適切な知識を身につけ，適切な治療を選手に提供することが大切であると結論づけています。

また，女性特有の問題である月経困難症が女性アスリートの心理面に与える影響について能瀬・中村（2016）が報告しています。

> 　生理痛によりメンタルに影響があり，月経調整で余裕が生まれた事例です。選手は，シーズンオフから低用量ピルの服用を始め，自分で生理をコントロールできるように対策しました。低用量ピルの使用のきっかけは，婦人科医に相談したことで，女性アスリートが1人で悩まず相談することと，それをサポートする環境づくりが大事なことを示唆しています。同様の話は，1節で報告したアンケートの自由記述からも認められました。

　まとめとして，女性特有の問題を解決するためには女性アスリートが適切な時期に産婦人科で治療を受ける必要がありますが，そのためには産婦人科医への女性特有の問題に関する情報提供と同時に，指導者，スポーツドクターなど女性アスリートの関係者にも情報提供を行うことが必要と提言しています。

3節　女性アスリートのカウンセリングから

　男女に関係なくアスリートにとって，カウンセリングルームの「敷居」は高く感じられているようです。以前，筆者は所属大学の保健管理センター・学生相談室のカウンセラーを兼務していた時，他専攻の学生に比べて，体育専攻学生の来談率の低いのを感じていました。

1．来談への抵抗

　同種の問題意識から，アスリートの来談行動の特徴について幾つかの調査報告がなされています。例えば，ピアース（Pierce, 1969）は，学生アスリートは一般学生と比較して，カウンセラーの役割を消極的に受け止める傾向が高く，そして情緒的問題は治癒しにくいと捉える傾向が高いといった違いを明らかにしています。さらに，クライエントとなったアスリートと非クライエントのアスリートを比較して，前者は，社会的承認への欲求が低い（援助希求行動の促進要因），自己理解への欲求が高い（相談への動機づけ要因），自律や変容への欲求が高

い（問題を自覚する背景要因）などの相対的な特徴を見出しています。

　また，精神科医の立場から堀・佐々木（2005）は，体育学部学生の保健管理センター精神科受診率ならびに平均受診回数（継続受診の長さ）が他学部生よりも低い値であると指摘し，その背景にある理由として次の4点に言及しています。

　①情緒的な問題を抱えることで「自分が弱い」と考えてしまい，そのことを否認しやすい
　②アスリート特有の性格傾向や対処行動の存在
　③アスリートは一般人より精神的にタフで健康的であると信じられているため，周囲の人間が明らかに情緒的問題を呈しているようなアスリートがいても問題視せずにいる
　④アスリートらがチームに所属していることから，チームメイトやコーチなどの内輪の人々により強力にサポートされている

　今日，トップアスリートや体育系学部をもつ一部の大学では，スポーツカウンセラーやメンタルトレーニング指導士といった専門家が対応するアスリート専用の心理サポート機関を設置しています。そこでは狭義の心理的問題だけでなく，メンタルトレーニングと称したポジティブな側面も扱うようになっており，一般の相談機関よりは利用（来談）しやすくなってきています。しかしながら，まだ来談の遅れを感じさせられることがあります。悩みを抱えながらも受診が遅れる背景には，こころの問題に対する「偏見」が考えられます。

2．女性アスリートの来談の特徴

　学生アスリートを中心とした日々の心理サポートの経験からは，女性アスリートの利用率の高さを感じていますが，このことはアスリートに限らず他の対象でも共通しているようです。女子学生に限定した場合，来談の相対的な多さについては，後述されるようなアスリートとしての生育環境の特異性が1つの要因として考えられます。また，成人してからの一般アスリートの場合は，女性特有の結婚，妊娠，出産，育児そして競技復帰といった男性とは異なるライフイベントによる心理面での困難さを抱えることとなり，心理サポートを求めるので

はないかと考えられます。

　また，女性学生アスリートにおいては，自発来談してくるケースは男性よりも低く，指導者，チームメイト，あるいは元クライエント（チームメイト）からの紹介によることが多いのを特徴としています。

　一般的に個人種目のアスリートの利用率が高いように感じていますが，女性は男性ほど種目差での偏りがありません。そして，来談のきっかけとなる心理行動的問題（主訴）としては，言うまでもなく，競技生活を継続していく上で関連の深い内容が挙げられます。特に女性に多いのは，食行動異常（過食・拒食）や過呼吸などの身体的訴えです。さらに女性に際立って多いというほどではありませんが，競技意欲の低下，対人関係（特に指導者との関係）の問題，運動部不適応，スランプなどが挙げられます。

　カウンセリングでは当初の主訴の軽減を念頭に置きながらも，その後継続されていく相談過程では，異なる話題，課題への取り組みがなされていくことが多くなります。そのような相談の展開がなされると，主訴は取り組むべき心理的問題・課題へのきっかけ（入場券）との見方もできます。特に，主訴の背景に，それまでの競技生活やそれに伴った心理面での発達における偏りからもたらされる心理的問題が見え隠れする場合，それらの課題・問題を扱っていくことになります。さらに付け加えますと，多くのアスリートの来談理由は，上述のような心理行動的問題によって派生した（結果としての）競技意欲の低下，抑うつ気分，不安，焦燥感，痛み，などの心理的苦痛によってであります。ところが中には，抱えた心理行動的問題の背景（原因）に，自身の中での問題が関連しているのかもしれないとの思いから，来談されることもあります。つまり，来談は主訴から派生した「結果」だけでなく，主訴のもとになった「原因」からも考えておく必要があります。

【「頑張りたいけど頑張れない」事例】
　代表クラスで活躍していた個人種目を専門とするAさんが，所属運動部のコーチからの紹介により，来談してきました。その時の主訴は，「頑張りたいけど頑張れない」といった競技意欲の低下でした。このような訴えの引き金となったできごととしては，代表合宿の中で外部コーチより強く叱責されたり，否定されたことから極端に自信や意欲をなくされたようでした。

相談の中でのAさんの訴えをいくつか紹介します。「大学に入ると、勝ちたいから頑張る人が多いのに、私は勝ちたい理由が（自分を）認めてもらいたいから。でも、認めてほしいと思っているのに、認めてもらうと疑いたくなる。それを止めるために（周囲の言われるがままに）頑張ってきた」と、周囲の期待に応えるために激しい練習にも耐え、頑張ってきたことを語り続けました。また、「自分の中でこうなりたいとか、よくわからないから、ついていくことを目標にしている感じ。ついていけなくなったりすると、何をしてよいのかわからない。自分で決めたことだと良かったのか、悪かったのかわからない。不安になったりとかするし、周りの人に良いよって言われても信じきれない感じがずっとある。一生懸命やっても、不安を抱えているからやりきれないような感覚がずっとある」とも語っていました。

カウンセリングが継続され、上述のような自身の中での問題に直面していくことでAさんはつらさを増し、精神科受診により投薬も受けました。Aさんはこれまでの競技への取り組みを振り返りながら、徐々に自身の心理面における課題に向き合うようになっていきました。その後Aさんとの相談は終結までには至らず中断してしまいましたが、全日本レベルの大会に復帰していくようになりました。

3. 相談からみえてくるもの

本事例だけでなく、他の女性アスリートの相談経験をも踏まえながら、彼女らの心理社会的発達を阻害するスポーツ経験の特徴について述べてみます（江田・中込、2009）。注意してほしいのは、すべての女性アスリートに、そして来談するアスリートすべてから以下のような特徴が共通して認められるわけではありません。しかしながら、男性アスリートと比較して女性の方が、陥りやすい競技経験・環境にあるのは間違いないです。

①競技状況への過剰適応
②自己信頼感の不足
③主体性の欠如
④自己充足感のなさ

これら4つの特徴を、Aさんの事例から読み取ることができます。そして個々の特徴の関係を図6-4に示しました。

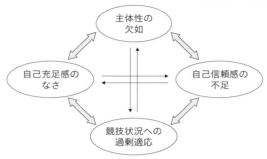

▲図 6-4　心理的問題につながる競技経験の特徴（中込, 2017）

　図 6-4 では，双方向の矢印を用いることによって，4 つの側面が相互に関連し，そして影響し合っている状況を示しました。細い実践の矢印は表裏の関係をイメージしました。つまり，競技場面への過剰適応は，主体の側からみると主体性の欠如した経験を重ねていくことになり，また，自己充足感のなさの背景には，自己信頼感の不足が考えられます。そして太い実践の双方向の矢印では，相互の影響性について示そうとしました。

　思春期から青年期までの上述のような競技体験は，それまでの活躍を維持そしてさらなるアップが期待されるジュニア期からシニア期への移行時に，つまづく女性アスリートの背景に認められることがあります。河合（1986）は，「自我の支えが魂の重荷になる」と，中年期のクライエントとの相談の中から，その期の発達課題とも読み替えられる含蓄のある理解を行っています。特に女性アスリートの場合，外からの期待や要請に応えることで得ていた競技への推進力を，競技期後半にさしかかった時に，より自己とのつながりの中で突き動かすような推進力に切り替えていかねばなりません。容易な課題ではありませんが，こうした側面からの女性アスリートの支援が相談の中で求められることがあります。

4節　仕事との関係

　本章の執筆者の1人である村上は，学生時代にスポーツ心理学を専攻し，体育・スポーツに携わる身近な仕事として教職の道を選びました。教職時代には，保健体育科にとどまらず，特別支援学校や日本人学校にも勤務する等さまざまな経験をしてきました。2014年度より国立スポーツ科学センターに勤務し，女性アスリートの育成・支援プロジェクトに携わっています。2015年度まではプロジェクトの一環として調査研究を担当し，本章で紹介したアンケート調査および分析を行いました。学生時代に学び実践した調査研究の経験が異なる課題で求められ，それが活かされることになりました。これまで女性アスリートについて幅広く学んできたわけでなく，関係者へのヒアリング，調査計画，質問紙の作成や実施，そして分析・まとめまでの過程では，他領域（例えば，女性学，ジェンダー学，社会学，他）の知識の必要性を痛感しました。と同時に，最終的に「支援」へとつながる成果を求められ，仕事として調査に関わる場合，現場との関わりの大切さを実感しました。

　2016年からは，女性アスリート支援プログラムのコーディネーターとなり，引き続き女性アスリート支援に携わっています。主な業務としては支援プログラムの企画および取りまとめ，進捗管理を行っています。調査研究で得られたさまざまな知見を，支援プログラムに活かせるよう女性アスリート支援に従事することを心がけています。問題意識をもって仕事に臨み，行動力がある勤務姿勢を発揮できているのは，学生時代に培ったスポーツ心理学の視点が基盤となっています。自身の強みとするコミュニケーション能力や課題解決能力を活かし，新たな仕事へ挑戦しています。同僚やお世話になった人々への感謝の気持ちを大切に，目の前にある仕事に対して真摯に取組み，粘り強く地道にやり遂げることで，道が開かれると信じ，充実した日々を送っています。

*
本稿を作成するにあたり，特に1節では，下記の報告書をもとに執筆しています。
国立スポーツ科学センター（2016），「実態に即した女性アスリート支援のための調査研究」報告書　平成27年度スポーツ庁委託事業　女性アスリート育成・支援プロジェクト　女性アスリートの戦略的強化に向けた調査研究

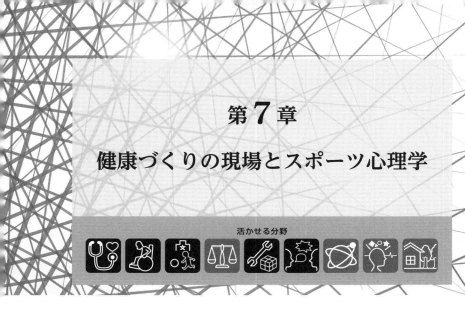

第7章
健康づくりの現場とスポーツ心理学

活かせる分野

1節　スポーツ心理学と健康づくり

1．スポーツ心理学は誰のもの？

　前章までにみてきたように，スポーツ心理学では，競技スポーツに取り組むアスリートを対象として，多くの研究成果が得られています。多くの研究成果をまとめたブラウンとフレッチャー（Brown & Fletcher, 2017）は，心理的・心理社会的な働きかけを行うことで，アスリートのパフォーマンスは改善することを明示しています。ところで，スポーツ心理学は，アスリートだけを対象とした学問なのでしょうか。

　国際オリンピック委員会が採択したオリンピック憲章では，「スポーツをすることは人権の1つである」と示しています（日本オリンピック委員会国際専門部会，2016）。このように，スポーツは，すべての人によって親しまれるべきものです。そうであれば，スポーツ心理学も，一部のアスリートだけでなく，すべての人のために用いられるべきです。

　スポーツ心理学は，アスリートではない人のスポーツ実践にも貢献できます。さらに，スポーツの実践にとどまらず，運動や日常生活で身体を動かすことを含めた，あらゆる「身体活動」に対して幅広い貢献ができるのです（身体活動・運動・スポーツの関係を図7-1に示し

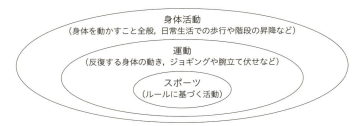

▲図 7-1　身体活動・運動・スポーツの関係

ます)。

2. スポーツ心理学は健康づくりに貢献できる

　それでは，アスリートではない人々にスポーツ心理学者が関わる際，どのような役割を担うことができるのでしょうか。ここでは「3つの健康」と組み合わせて考えることで，その役割を整理してみたいと思います。

　中学校や高等学校の保健体育の授業で学んだように，世界保健機関は，「健康とは，身体的，精神的，社会的に完全によい状態にあることで，単に疾病または虚弱でないということではない」と定めています。この「身体的健康」「精神的健康」「社会的健康」という3つの健康を維持・増進することに，身体活動は役立ちます。国際スポーツ心理学会は，世界中で行われてきた研究によって，スポーツなどによって身体を動かすことで，さまざまな健康がもたらされることを強調しています（Schinke et al., 2015）。

　スポーツ心理学は，3つの健康に対して，どのように役立つのでしょうか。以下に4つの機能を示します（図 7-2）。

(1) 身体活動そのものを促進する

　まず，スポーツ心理学の心理的スキルを使って，人々が身体活動を行うように促すことができます。身体を動かすことが身体に良いということは，ほとんどの人が知っているでしょう。しかし，身体活動を継続して行うことは，ご存じのようにとても難しいことです。現在では，行動を開始して継続するために，さまざまな心理的スキルが開発され，それらについて多くの研究成果が蓄積されています（荒井，

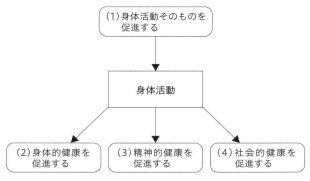

▲図 7-2　身体活動に対してスポーツ心理学がもっている機能

2016；石川，2014；Michie et al., 2013)。身体活動を増進するために，さまざまな介入（働きかけ）が行われていますが，それらを統合した研究で，介入によって身体活動は中程度増進することもわかっています（Hillsdon et al., 2005; Richards et al., 2013)。それでは，身体活動の促進のために，スポーツ心理学者には，どのような介入を行うことが期待されているのでしょうか。

バウマンら（Bauman et al., 2012）は，多くの研究成果をまとめた論文を発表しています。この論文で，身体活動の実施に関連する心理的な要因として，あらゆる年代で見出されたのが，「セルフ・エフィカシー」という要因でした。ここでいうセルフ・エフィカシーとは，「何らかの障壁（仕事が忙しいなど）があっても，運動を実施することができる」という見通しのことです。これは，私たちが普段「自信」とよんでいるものとほとんど同じ意味です。そして，セルフ・エフィカシーという切り口で考えることで，対象とする行動が明確になり，どのようにして高めればよいかという方法も明らかになります。セルフ・エフィカシーを高めるには，4つの情報源を活用することが有効であるといわれています（Bandura, 1977)。それらは，以下のものです。

①遂行行動の達成：「できた」と感じる体験を積み重ねる
②代理的経験：自分も「できる」と思えるようなモデルを探す
③言語的説得：「できるよ」と言ってもらう，自分にごほうびを用意する
④生理的・情動的状態：「できる」ために考え方を変える，「できた」という気づきを高める

このセルフ・エフィカシーという考え方を活用することで，スポーツ心理学者は効果的な支援を行うことができます。

　では，身体を動かすという行動を変容させるために有効な心理的なスキルとは，どのようなものなのでしょうか。健康的な身体活動と食事を促進するための介入を行った多くの研究結果を分析したところ (Michie et al., 2009)，特定の目標設定，行動のフィードバック，行動目標の振り返りなどについて効果が認められました。特に明確な効果が認められたのが，「行動のセルフモニタリング」です。これは，自分の行動を自分で観察して記録することをいいます。行動のセルフモニタリングは，セルフ・エフィカシーを高めるために重要な「遂行行動の達成」や「生理的・情動的状態」に機能するといわれます。スポーツ心理学者は，対象者と共に目標を設定し，セルフモニタリングを促し，目標を共に振り返ってフィードバックするというサイクルを回すことで，身体的健康の促進に貢献できます。

　スポーツ心理学では，スポーツのチームをまとめ上げる「チームビルディング」のスキルを用います。スポーツチームにおける集団の力の重要性は，多くの人が実感しています。例えば，スポーツのチームでは，チームの一体感が大事だということを示した研究があります（荒井ら，2013; 日比ら，2015; Yamada et al., 2013）。

　チームビルディングのスキルは，アスリートではない人々を1つのチームとしてまとめ上げる際にも有効です。チームという要素が大事なのはスポーツだけではありません。例えば，スポーツを行う集団の凝集性や集合的な目標の設定は，スポーツの実施を促進することがわかっています（Estabrooks et al., 2011; Spink et al., 2014）。チームの力によって身体活動が促進されることを示した研究（Leahey et al., 2010）があります。5,333名の成人を652のチームに分けて，16週間にわたって歩数計を装着したところ，チームに属する自分以外のメンバーが，個人の歩数増加に影響を与えていることがわかりました。チームのキャプテンは特別なトレーニングを受けていなかったことから，チームという要因が個人の健康に与える影響の強さがうかがい知れます。また，125名の若者を対象とした調査（Spink et al., 2014）では，運動グループにおける凝集性を認知しているほど，運動を継続することができると考えていることがわかりました。つまり，まとま

りを感じられるチームで運動をすれば，運動を続けることができるのです。

他の知見を紹介すると，高齢者の身体活動促進プログラムを実施した研究（Giacobbi Jr. et al., 2014）では，身体活動の促進のために，イメージを誘導する台本（scripts）の活用も有意義な方法かもしれないと示唆しています。

(2) 身体的健康を促進する

身体を動かすことで身体が健康になるということは，非常に一般的で，広く受け入れられています。わかりやすい研究成果を1つだけ紹介します。さまざまな国のデータを解析した研究（Lee et al., 2012）によって，身体を動かさないことは，死因（premature mortality）の9％を占めていることがわかりました。これは，喫煙や肥満と同じ水準です。身体を動かさないことが，私たちの身体的健康に対して否定的な影響を与えることがわかります。

それでは，運動を行う際，スポーツ心理学はどのように役立つのでしょうか。私たちは，運動を行う際に，スポーツ心理学の心理的スキルを活用することで，身体機能を高めて，自らのパフォーマンスを発揮しやすくすることができます。パフォーマンスを高めることができれば，より強度が高い運動に，長時間にわたって取り組むことが可能になります。

バーウッドら（Barwood et al., 2008）は，心理的スキルを活用することで，長距離走のパフォーマンスが改善することを示しています。実験参加者は，室温30℃，湿度40％という暑熱下において，90分間のトレッドミル走を行いました。トレッドミルとはランニングマシンのことです。トレッドミル走に先立って，参加者は，走行距離の増強を意図した心理的スキルトレーニングのセッションを受けました。そして，目標の設定，覚醒水準の調整，イメージの想起，肯定的なセルフトーク（自分に対する語りかけ）という心理的スキルを用いることによって，長距離走のパフォーマンスが向上することが明らかにされました。また，セルフトークの効果を検証した研究（Kolovelonisa et al., 2011）では，筋力トレーニングの1つである腕立て伏せを行う際，「強く（strongly）！」という言葉で，自らを動機づけるようなセルフ

トークを用いることが有効であると明らかにされています。

（3）精神的健康を促進する

　身体活動は，精神的な健康も改善します。残念ながら，精神疾患は，わが国において，一般的な疾病となりつつあります。厚生労働省は2011年に，「がん」「脳卒中」「急性心筋梗塞」「糖尿病」という従来の四大疾病に「精神疾患」を加えて，五大疾病という考え方を示しました。わが国において，身体活動が精神的健康に果たす役割に対して，ますます大きな期待が集まっています。

　身体活動の効果を調べた研究をまとめた論文（Teychenne et al., 2008）によると，身体活動は，少量でも，抑うつになるのを防ぐ効果をもっています。他の論文（Rethorst et al., 2009）でも，臨床的な抑うつ患者を対象とした研究のほとんどで，臨床的に有意義な抑うつの改善がみられました。身体活動が抑うつに与える効果（効果量＝0.18：Cooney et al., 2013）は，抑うつの治療薬の効果の大きさ（効果量＝0.32：Kirsch et al., 2008）に及びませんが，多くの研究で認められています。また，子どもや青少年に注目した研究（Biddle & Asare, 2011）では，大きな効果があるとまではいえないものの，身体を動かすことが子どもや青少年の精神的健康に良い効果をもたらすことを示しています。精神的健康に対する効果は，何らかのリスクを抱えている（例えば，抑うつ状態にある）若者においても認められる可能性があると示されています（Lubans et al., 2012）。

　精神的健康に効果的なスポーツ指導を行うこともできます。スポーツ心理学の心理的スキルを精神的健康の維持・増進に活かした例をみてみましょう。

　はじめに，運動中に認知的な方略を用いることを紹介します。私たちは運動を行うとき，自分の身体や行っている運動そのものに注目することもあれば，反対に，運動と関係のないことを考えたり，景色を眺めたりと，運動以外に注意を向けることもあるでしょう。「身体に注意を向ける」あるいは「身体から注意をそらす」などの「運動中に生じる問題に対処するための方略」を認知的方略とよびます（高井, 2000）。認知的方略には，身体内部の感覚に注意を向ける「連合的方略」と，身体から注意をそらす「分離的方略」があります。荒井ら

(2004)は，サイクリング運動による実験を行い，運動終了直前の快感情得点は，連合的方略よりも，分離的方略を用いたほうが高いことを明らかにしました。ウォーキングによる実験でも，分離的方略がウォーキング後の感情を好ましくする可能性を示しました（荒井・堤，2007）。小学校5・6年生の児童を対象とした研究においても，感情の改善には分離的方略が効果的であるとされています（大平ら，2005）。これらのことから，精神的健康のためには，運動の際に分離的方略を上手に用いることが有効であると考えられます。

　他には，有酸素運動の前に楽しいイメージを想起させることによって，運動に伴って生じる感情が好ましくなることを示した研究もあります（Stanley & Cumming, 2010）。イメージの想起も，精神的健康の獲得に有効な可能性があります。

（4）社会的健康を促進する

　社会的な健康に対する身体活動の効果も見逃せません。スポーツや運動を行う際に，周りの人と共に身体を動かすことを経験することで，連帯感や一体感を高めることができます。身体活動には，人と人とをつなぐ機能もあるのです。

　人と人とのつながりのことを「ソーシャル・キャピタル」とよびます。ソーシャル・キャピタルは，日本語に訳せば「社会関係資本」「無形の社会資本」ということになりますが，原語のまま，ソーシャル・キャピタルとして用いられています。ソーシャル・キャピタルとは，「社会の効率性を改善し，協調行動を促すことのできる信頼，規律，ネットワークといった社会組織の特性」と定義されています（Putnam, 1993）。厚生労働省（2014）は，国民が健康で長生きするために，ソーシャル・キャピタルの水準を上げる（地域のつながりを強化する）ことや，ソーシャル・キャピタルを活用して，住民による共助（市民ボランティアによる市民の健康づくりの普及啓発など）への支援を推進するとしています。

　荒井ら（Arai et al., 2008）は，地域住民を対象として，運動習慣とソーシャル・キャピタルとの関連を検討し，ソーシャル・キャピタルは運動習慣と関連することを確認しています。スポーツの実施により，地域におけるソーシャル・キャピタルが高まる，すなわち，地域

社会のつながりが強化されることが期待されます。身体的健康や精神的健康を高めるためにも，ソーシャル・キャピタルなどの社会的な健康は重要です。実際，「自分の家族」や「地域の人々」を支えることができるという感覚や，支え合うことができるという感覚が，精神的健康や主観的幸福感と関連することが示されています（Arai, 2014; 荒井ら，2016）。相田・近藤（2014）を参考にすると，ソーシャル・キャピタルが盛んな地域では，運動習慣のある人に影響されて周囲の人たちが運動を始めたり，住民が団結してスポーツイベントを実施したり，身体活動を行っている住民たちがお互いにポジティブな声かけをしたりすることが予想できます。

2節　スポーツ心理学者が取り組む健康づくりの仕事

1．対象者ごとの取り組み

（1）働く人を対象とした取り組み

　わが国では，2015年12月から，勤労者の心理的な負担の程度を把握する検査を受けなければならない仕組み，すなわちストレスチェック制度が開始されました。ストレスが原因で病気となり，従業員が休職したとします。すると会社は，他の従業員が業務を代行するよう調整したり，人員を一時的に補充したりすることになります。ですから，企業は，従業員のメンタルヘルスの問題を考えなければなりません。最近では，従業員の健康の度合いが高まることは，経営的にも効果的であると考える「健康経営」という考え方も普及してきました。勤労者の精神面の充実による，生産性の向上も期待され始めているのです。

　それでは，勤労者を対象とした，スポーツ心理学に関連した取り組み（産業場面での取り組み）をみてみましょう。デンマークで行われた15の研究をまとめた研究（Sjøgaard et al., 2016）があります。この研究が検証した15本の研究論文ではすべて，運動を行うことで健康状態が改善していました。さらに，勤労者が運動を行うことで，生産性や労働力が改善・維持されることが示されています。また，病気によって会社を欠勤してしまうこと（アブセンティズム：absenteeism）や，会社に出勤していても十分なパフォーマンスが発揮できないこと（プレゼンティズム：presenteeism）が起きにくくな

ることも強調されています。

　さらに，2つの研究を紹介しましょう。バートンら（Burton et al., 2012）は，ストレスを感じている上司ほど，部下への虐待が多いことを明らかにしました。興味深いのは，定期的に運動をしている上司は，ストレスを感じていても，部下への虐待が増えないことを明らかにしている点です。ストレスを抱える上司にとって，運動を行うことが何らかの緩衝材になっているといえるでしょう。従業員のための体操教室を実施する試みも行われています（金森ら，2014）。この試みでは，目標設定やセルフモニタリングといった働きかけを導入するべきであると指摘しており，スポーツ心理学者が産業場面でどのように貢献すればよいかを示しています。

(2) 更年期女性を対象とした取り組み

　皆さんは「更年期」という言葉を聞いたことがあるでしょうか。更年期とは，女性の月経周期が終了する前後10年間（45〜55歳くらい）のことをいいますが，この時期には，ほとんどの女性が心身に不調を感じると言われています。更年期にみられる症状を更年期症状といいます。身体に現れる更年期症状として，顔がほてったり，汗をかきやすくなったりすることが挙げられます。更年期症状には，精神的・行動的な症状もあります。例えば，イライラしやすくなったり，気持ちが落ち込んだり，眠れなくなったりします。

　更年期症状に苦しむ女性に，スポーツ心理学が貢献できる可能性があります。甲斐ら（Kai et al., 2016）の研究結果をみてみましょう。この研究では，更年期女性に，3か月にわたって寝る前の10分間，ヨガの要素を取り入れたストレッチを行ってもらいました。その結果，更年期症状や抑うつ状態が改善することがわかりました。ストレッチは，リラクセーション技法の1つでもあります。リラクセーション技法は，スポーツ心理学において，最も頻繁に用いられる心理的スキルの1つです。更年期障害の予防や改善に，スポーツ心理学が貢献する可能性があるといえるでしょう。

2. チームで働くということ

　スポーツ心理学者が現場に関わるとき，ほぼすべての場合，「チー

ム」で働くことになります。チームで働くとき，スポーツ心理学者はどのようなことに留意しておく必要があるのでしょうか。

（1）スポーツ心理学者が担う役割

医療現場では，患者に関わる専門職が，それぞれの専門性を発揮すると共に，互いに連携して，最良の医療を提供します。これをチーム医療とよびます（鈴木，2008）。平井（2008）や鈴木（2008）は，チーム医療における心理士の役割を整理しています。ここでいう心理士をスポーツ心理学者に置き換えて，医療以外の現場にも適用できるように，複数の専門職で構成されるチームで働く際にスポーツ心理学者が担う役割を整理してみたいと思います。

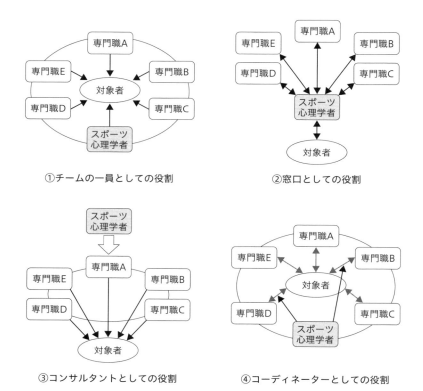

▲図7-3　チームで働く際にスポーツ心理学者が担う役割（平井，2008；鈴木，2008より作成）

まず，対象者とは，産業場面であれば従業員であり，医療場面であれば患者ということになります。専門職とは，産業場面では，産業医・看護師・栄養士などであり，医療場面であれば医師・看護師・理学療法士などが当てはまります。

①チームの一員としての役割

最も大切なことは，チームの一員として，スポーツ心理学者の専門性を発揮し，チームに貢献することです。専門職として，あらゆる現場で，即戦力としての関わりが求められます。いつ，専門職としての関わりが求められてもよいように，スポーツ心理学者は，スポーツ心理学に関連する能力を十分に高めておく必要があります。

②窓口としての役割

対象者と他の専門職との距離を埋める窓口の役割を担うこともあります。対象者は，他の専門職と比較してスポーツ心理学者を身近な存在だと捉えていることが多いため，スポーツ心理学者は対象者と専門職の橋渡し役になることが多いのです。それによって，チームの活動は円滑に進みます。

③コンサルタントとしての役割

現場において生じるスポーツ心理学に関連するすべての問題に，スポーツ心理学者が対応できることが理想ですが，実際にはすべての問題に手が回らないことがあります。しかし，他の専門職では，スポーツ心理学の問題に対処することが難しいことも多くあります。そこで，スポーツ心理学者が客観的な視点から状況を見極めて，相談役として他の専門職にアドバイスをすることもあります。他の専門職を支えることで，間接的に支援を行うのです。

④コーディネーターとしての役割

スポーツ心理学者は，対象者の意思を尊重して活動する立場で仕事をするので，対象者と専門職の間に生じる利害関係（例えば，医師と患者の関係）から距離を置けることが多いと思います。そのため，対象者と専門職の間の関係調整を行うことができます。

チームで働くことは，チームビルディングの心理的スキルを身につけており，コミュニケーション能力が高いスポーツ心理学者の得意技です。そんなスポーツ心理学者が，上記のような視点をもって現場で仕事をしたら，さらに成果を上げることができるでしょう。

（2）スポーツ心理学者が心がけたいこと

①データを収集し，周りに説明する努力を怠らない

　スポーツ心理学者が担っている役割は，周囲からみてわかりにくいといわれます。スポーツ心理学者の仕事が「見えづらい・捉えづらい」と思われるのは世界共通であり（立谷，2014），他のスポーツ科学の専門職と違い，心理面のサポートは見えづらく，パフォーマンス発揮とのつながりも捉えづらい（中込，2014）といわれています。オリンピック競技大会に帯同したスポーツ心理学者が行った仕事は，アスリートとコーチのプレッシャーへの対処にとどまらなかったことが報告されています（Elsborg et al., 2015）。この研究では，スポーツ心理学者が取り組んだ仕事として，「予定外の相談に対応しやすくしておくこと」「集団の中に自然に存在すること」「穏やかな雰囲気を保つこと」も挙げられています。これらは，周囲からみれば「わかりにくい仕事」です。

　周囲から，「スポーツ心理学者は，何をやっているのかわからない」「スポーツ心理学者は，暇そうに見える」と思われることもあるでしょう。しかし，誤解を恐れずにいえば，そういう仕事こそが，スポーツ心理学者の仕事なのです。だからといって，「自分はスポーツ心理学の仕事をしているんだ，それを理解しない周りが悪い」と開き直るのでは，誠実とはいえないと思います。私たちスポーツ心理学者が行うべきなのは，そういった周囲からの声に対して，「スポーツ心理学者にはこういう仕事がある。そしてその意義は大きい」ということを説明することでしょう。その際，現場で収集したデータがあれば，説得力は増します。データといっても，心理検査のデータだけではありません。ある日の現場での仕事が，単に会話をしただけだったとしても，会話をした人数，会話の時間，会話をした場所，会話の内容などは，立派なデータです。スポーツ心理学者は，データを携えながら，周囲に対して誠実に説明する努力を怠ってはいけません。

②「何かしなければ」と考えすぎず，謙虚な姿勢を忘れない

　これも重要なことです。立谷（2014）は，アスリートの心理サポートを行うために，チームに帯同する際の注意事項を解説しています。立谷（2014）によれば，現場において，自分が余計なことをしているかもしれないという意識を頭の隅に置いておくことが重要です。さら

に，自分の専門とする分野のことについて，自分ができることだけをするというスタンスを保つことも大切だと述べています。このことは，スポーツ以外の現場では，特に重要なことであると感じています。スポーツ以外の現場は，スポーツ心理学者にとって，あまり慣れていない現場だからです。「自分はこんなことができる」とアピールするよりも，現場でどのような問題が生じているのか，関係者はどのようなことに困っているのか，目の前の対象者は何をしてほしいと思っているのか，などの情報を丁寧に拾うことが求められます。

現場の声 4

従業員の心の健康をつくる仕事

● 企業でスポーツ心理学をいかす

　残念ながら，産業場面で活躍しているスポーツ心理学者は，現在ほとんどいないといってよいでしょう。ここでご紹介する楠本真理さんは，スポーツ心理学者ではありませんが，社員が身体を動かすことをサポートしているという意味では，スポーツ心理学者がモデルとすべき存在であると考え，ご紹介します。

　楠本さんは，企業で産業看護職として働いています。楠本さんの会社では「社員の健康は会社の健康に直結する」という基本理念のもとに，健康づくりを行っています。「事業場における労働者の心の健康づくりのための指針」を受けて，2001年より従業員を対象としたストレスチェックを開始しました。その頃はまだストレスチェックの結果を従業員のセルフケアに用いたり，会社として従業員のストレス状態を把握したりして，不調者を出さないことを目的としていました。しかし，現在では，活気ある職場づくりに貢献することを目指して，ストレスチェックを実施しているそうです。

　楠本さんは，健康づくりが，職場活性化に役立っていることを実感していると語ります。健康づくりに職場が一体となって取り組むことで，職場の雰囲気が良くなることを感じているそうです。実際，いくつかの事業所内で行った調査では，個人で取り組む健康づくりを推進した職場よりも，職場全体で取り組む健康づくりを推進した職場の方が，健康に関するリスク，精神的健康に関する職場の雰囲気，職場の一体感（職場のソーシャル・キャピタル）が高まっていたと確認されています。

● 健康づくりの実践

　ここでは，職場全体で取り組む健康づくりの一部をご紹介しましょう。

1) ヘルシーマイレージ合戦

　チームまたは個人でエントリーして，身体を動かしたりすることによって得られる「ヘルシーマイル」（参加者の気持ちが高まるように航空会社のポイントにちなんで名づけられました）をゲーム感覚で楽しみながら貯めるプログラムです。ジョギングなどのスポーツを10分間行うことで2マイル，1日の歩数が1万歩に到達すると3マイルといった具合です。3か月の間に貯めたマイルに応じた商品を獲得できるという報酬も設定されています。チームで参加することにより，職場内のコミュニケーション向上に役立った等の意見も多く寄せられており，現在では全社で展開するプログラムとなっています。

2) 美ポジ®体操

　美ポジ®とは「Beautiful Body Balance Position」の略で，負担が少なく，審美性を兼ね備えた理想的な美しい姿勢のことです。美ポジ®コンセプトの産みの親である東京大学医学部附属病院の松平浩先生らと共に開発された美ポジ®体操の中にはデスクワークが中心の勤労者に多くみられる不調を改善するための9つの運動が含まれています。この体操に職場全体で取り組むことで，参加者からは，身体をほぐすだけでなく，職場の雰囲気が良くなり，生産性も向上しているとの感想が得られたそうです。

　企業での健康づくり活動では，不調者を出さないことも大切ですが，活気ある職場づくりという前向きな視点も大事です。上記の内容の一部は，楠本（2013）にも公表されていますので参照してください。

現場の声 5

チーム医療の一員としてのスポーツ心理学者

● がん患者のリハビリテーション支援

現在,わが国では,がんに罹患する人が増えています。そして同時に,「がんサバイバー」とよばれる,がんに罹患した経験のある人の数も増え続けています。つまり,現代社会においては,がんは不治の病ではなく,長く付き合う疾患になってきています。

私は,病院において,がん患者の方々のリハビリテーションの支援を行ってきました。所昭宏先生(近

医療チームミーティングの様子
(奥右:所昭宏先生,奥左:筆者)

畿中央胸部疾患センター)や平井啓先生(大阪大学)の指導のもと,医師,看護師,理学療法士などの医療専門職の方々と連携して,チーム医療を実践しました。チームの中で,スポーツ心理学者はどう働けばよいのか,他の専門職の方々からさまざまな助言をいただきながら,徐々に現場になれていくことができました。

● がん医療の現場に関わる

リハビリテーションといっても,いわゆる機能訓練のようなものではなく,患者の方々が日常生活でより身体を動かせるようになることを支援することを目的としていました。患者の方々には,日常生活に加速度計測装置付歩数計(ライフコーダーEX,株式会社スズケン製)を装着し続けてもらい,身体活動量を測定します。

私たちは,施設内のリハビリテーション科の一室を利用して,身体活動実施の促進を意図した介入プログラムを実施しました。歩数計の活動記録をグラフ化したものを用いながら,①自分は活動的な生活を送ることができると感じるような介入,②自分から身体を動かしたいと思うような介入,③今後の活動目標を話し合いのもとに設定するという介入,を行いました(Arai et al., 2010;荒井ら,2012)。

この実践で収集したデータは分析されて,研究としても発表されています。日常生活での歩数が多いほど,もしくは,身体を動かせる・動かしたいという感覚が高いほど,精神的な健康が好ましいこと(Arai et al., 2010;原田ら,2013)や,歩くことによってストレスを発散したり気分が改善したり

することがわかりました。また，歩くことがストレス発散につながっていることや，歩くことで気分が改善されることが報告されています（荒井ら，2012）。これら一連の知見から，がん患者の方々は，日常生活で身体を動かすことによって，精神的な健康に好ましい影響がある可能性を示しました。

　これまで，スポーツ心理学で扱われることのなかったがん医療の現場に関わるということで，どのような貢献ができるか私も心配でした。しかし，現場で長い時間を費やすにつれて，スポーツ心理学は多くの現場で求められているのだと，実感することができました。これからも，若い方々と共に，スポーツ心理学がもっている無限の可能性を広げていきたいと考えています。

● 未来のスポーツ心理学者へ

　第7章では，スポーツ心理学者が健康づくりにも貢献できることを示しました。そして，スポーツ心理学者が，チームの一員として仕事を行うことの重要性を強調しました。他の専門職と共に働くということは，その専門家から，外部評価を得られる貴重な機会です。自らの研鑽のために，そして，スポーツ心理学という領域の発展のために，特に若い方々には，いろいろな現場に羽ばたいてほしいと思います。

　スポーツの社会的な使命は，人々を幸せにすることであり，人々が身体的に活動的であり続けられるように支援することです（Schinke et al., 2015）。スポーツ心理学者が，こうした方面でも貢献し続けることに期待しています。

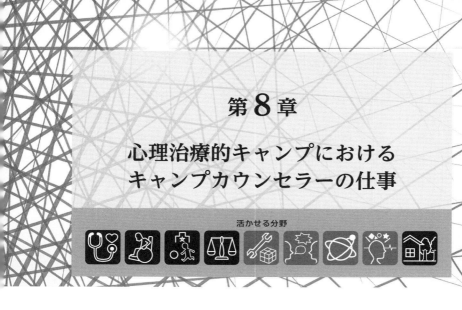

第8章
心理治療的キャンプにおける
キャンプカウンセラーの仕事

1節　心理治療的キャンプの取り組み

　"Camp"は，ラテン語の"Campus"に由来し「平原」「広い場所」を意味する単語で，そのような広い場所で兵隊たちが訓練をしていたので「野営する場」あるいは，「軍事演習する場」などを意味するようになりました。それが，「兵が共に生活をしながら訓練をする場」をも指すようになり，そこからさらに「仲間と共同生活をする場」という意味で使われるようになった（日本野外教育研究会，1989）とのことです。

　今日キャンプは，自然の中でテントやキャビンなどで生活をし，野外活動をすることを意味しています。それは，仲間，あるいは家族などで楽しむレジャー・レクリエーションキャンプから，学校，青少年団体，社会教育施設などによる教育キャンプまで多様なねらいや形態で実施されています。そして中でも，明確な目標をもち，意図的，計画的に，かつ組織的に行うキャンプを，組織キャンプ（organized camp）とよんでいます。以下本章で使用するキャンプとは，この組織キャンプのことを指します。

　組織キャンプは，幼児から青少年，そして高齢者までの広範な年齢の人々を対象に実施されています。さらに，肢体不自由，脳性麻痺などの身体障害，自閉症，知的障害などの発達障害，不登校，非行など

の問題を抱える青少年を対象としたキャンプも行われています。このようなことから，現在キャンプの仕事は，体育・スポーツ，教育，心理，福祉，医療，司法などの対人支援・援助のさまざまな領域と密接な関わりがあります。

昨今，わが国の青少年教育においては，不登校や発達障害の青少年への対応が大きな課題になっており，このような問題の対応策として，キャンプなどの体験活動が期待されています（文部科学省，2015）。それはキャンプの体験が，このような青少年の自己成長に有意義で心理治療的な効果をもちうる場となることが認識され始めているからであろうと思います。

筆者は，筑波大学において野外運動を専門にし，このような組織キャンプに関連する授業や研究を行っています。特に心理治療的キャンプの実践とその臨床的研究に取り組んでいます。そこで本章においては，このような心理治療的キャンプに参加する青少年の指導に関わる「キャンプカウンセラー」の仕事について紹介したいと思います。以下では，筆者が関わった心理治療的キャンプの事例からその仕事の内容について述べたいと思います。なお，事例については，クライエントが特定されないように適宜修正を加えていることをお断りしておきます。

【心理治療的キャンプの事例】
「おれが先頭を歩くんだよ」
「ずるいよ。先頭は道標ごとに順番でって決めたじゃん」
　これはキャンプのプログラムの登山で1列になって歩くA君とB君の会話です。A君は「おれ歩くの遅いし，みんなの迷惑になるからだよ」と言い逃れるかのように話します。それに対してB君は「でも，先頭歩かなくたっていいじゃん。本当は4番目じゃん」と返しました。しばらく口論が続いていますが，グループに帯同しているキャンプカウンセラーは，そのやりとりを見守ります。B君は「じゃぁ，疲れているようだし，2番目を歩けばいいじゃん」などと案をもちかけました。A君は，やや不満げな顔をしつつも，その意見を受け入れて列の2番目を歩き始めました。キャンプが始まった頃は，自分の意見を主張するばかりでしたが，日が経つにつれて，少しずつ仲間の提案を受け入れられるようになってきたのでした。
　A君は，発達障害と診断をされている小学校6年生の男の子です。学校では特別支援学級に在籍しています。学校生活では，思い通りにならない

と暴力をふるってしまうため、友人から「お前とは遊べない」と言われるなど、人間関係のトラブルが絶えませんでした。そのような状況の中、困っていたA君のお父さんが、不登校や発達の気になる子どもを対象にしたキャンプがあることを知り申し込まれたのです。お父さんは、キャンプ前の説明会  の保護者を対象にした面接の場で「仲間と気持ちを通わせて仲良くなってほしい」「自分のことは自分でできるようになってほしい」などキャンプへの期待を込めつつ話されました。

　またA君本人への面接では、キャンプに参加するにあたって、心配なことはないかたずねると「キャンプにずっといれるかどうか。お母さんに会えないので、寂しいし、それから朝6時に起きれるかどうか…」と心もとない返事。それでもキャンプに対しては、関心があるらしく、「オレ、キャンプは好きだと思う。ご飯炊いたり、料理したりするのは得意。だけど歩くことはどうか…」などと語りました。

　キャンプが始まってほどなくA君の問題行動がみられるようになりました。例えば、グループの話し合いでは、勝手気ままな不規則な発言や否定的な発言が目立ちます。他の子が発言している時には、虫など他のことに気を取られて、耳を傾ける様子はありません。また、そばを通りかかったキャンプカウンセラーの気を引こうと足を踏んづけたり悪態をついたりします。また、整理整頓が苦手で、テント内の荷物は1人で片づけるには、かなりの時間を要します。野外炊事では、自分のやりたい火起こしは、一所懸命やるものの、それ以外は手伝わないなど、A君のふるまいは、自己中心的で、まったく独りよがりなものでした。

　登山では、グループから遅れ1人で山を歩くこともしばしばで、不平不満をもらしながら1人で山道を歩く姿は、まさにマイウェイそのものでした。A君のグループは6人からなるのですが、登山の時に歩く隊列の先頭は道標があるポイントごとに交代するという約束事がありました。ゴールに近づくと「○○くん、先頭行けよ。オレに考えがある」と早めに先頭を交代してちょうどゴールで自分に先頭が回ってくるように画策しました。結局、これはうまくいかなかったのですが、仲間からはあ然とされたこともありました。しかし、キャンプカウンセラーは、そんなA君であっても、途中で脱落することがないように関心をもって受容的、共感的に関わり支え続けました。

そうしているうちにA君は，黙々と山を歩くようになってきました。また，グループの子どもたちとも向き合い相手の意見も受け入れながらやりとりをするようになりました。それは，いくら遅れても必ず待っていてくれる仲間や，一緒に後ろから歩いてくれて，ずっと見守ってくれるキャンプカウンセラーの存在が，A君が変わっていく契機になっていたようでした。

　グループの子どもたちは，A君に受容的なだけでなく，遠慮なく厳しい意見も言うようになりました。子どもたちの意見（自己中心的なA君への意見としては，ある意味当たり前なことが多いのですが）は，A君が自分の目の前にいる「他者」を強く意識するきっかけにもなりました。活動を共にし，関係性が深まる中で，時に自分に対し温かく，時に厳しすぎると感じられるくらいの仕方で関わるグループの子どもたちは，A君のあり方に揺さぶりをかけることになったのです。キャンプカウンセラーは，このような子どもたちのやりとりを，包み込むように，そして誰もが心理的に脱落しないように見守っています。

　キャンプ中，A君がさらに大きく変わるきっかけとなる体験がありました。それは，野外炊事の時の調理と後片付けの鍋磨きでした。手先が器用で野菜を刻むのがとてもうまいことや他の子どもだったら熱くて作業できないようなかまどの前でもなんなく炒め物などをこなします。また，みんなが嫌がるような後片付けの鍋も，ピカピカに磨き上げます。子どもたちやスタッフからは，親しみと尊敬の念をこめて「シェフ」と呼ばれるようになりました。このことでA君は大きな自信を得ることができました。

　その後，A君はグループの約束事を守れるなど，仲間と関わり合いながら（時にはもめますが）協力する姿が多くみられるようになりました。枠から外れることをすると，グループの子どもたちから否定的な評価を受け，逆に良いことをすると認められる心地良さを知ったようでした。キャンプ開始当初，わがままと思われるような自己中心的な行動が，他の子どもたちからは許容できる程度の行動へと変化し，グループという枠の中に少しずつ収まるようになっていきました。

　キャンプを通して，他者と衝突し他者という存在に気がつく中で，A君の尖った自分らしさは磨かれ，変化していったといえます。このような変化が起こったのは，キャンプカウンセラーの守りの中で，グループ内の子どもたちとA君が互いに切り結ぶような本気の体験をしてきたことによるのであろうと思います。

2節　アドベンチャープログラムを活用した心理治療的キャンプ

　近年のキャンプには，危険を伴うようなアウトドアスポーツをプログラムとして活用することが増えています。それは，例えば，登山，沢登り，ロッククライミング，サイクリング，カヌー，整備されたゲレンデ以外で行うバックカントリースキー，1人で野営するソロビバークなどを指します。このようなアウトドアスポーツを活用したプログラムをアドベンチャープログラムとよびます。

　A君の参加したキャンプは，80キロメートルのトレイルを歩く縦走登山というアドベンチャープログラムをメインプログラムとする13日間のキャンプでした。また，13日間のキャンプ生活は，ほとんどがテント泊で，食事も自分たちでつくるものでした。1日6時間〜7時間ほどトレイルを歩き，そしてキャンプ場でテントによる野外生活をしながらゴールを目指します。また，厳しい縦走登山だけでは，子どもたちの意欲も持続しないので，プログラムの合間に川でのラフティング，サイクリング，カヌー，星座観察，料理コンテストなど子どもたちの興味を引くような体験活動も取り入れるなどして工夫がされていました。

　このようなアドベンチャープログラムを導入したキャンプのトレンドの1つとして，心理治療的キャンプを挙げることができます。アメリカでは，アドベンチャープログラムを取り入れた心理治療的キャンプが盛んに行われ，情緒面や行動面に問題を抱える青少年を対象にプログラムが展開されています。その数は，アメリカ国内に500以上あるといわれています（坂本，2000）。

　ゼロフら（Zelov et al., 2013）は，2007年から2012年までに，22の治療的プログラムを受けた2,669名の青少年の症状について報告していますが，うつ（24.4％），注意欠如・多動性障害（22.0％），学習障害（15.9％），不安障害（14.3％），アルコール・薬物依存（14.0％），行為障害（6.6％），トラウマ（6.6％），自閉症（1.1％），その他（10.6％）であり，2つ以上の症状を示したものが，48.1％であったことを報告しています。このようにさまざまな症状のクライエントにプログラムが提供されています。現在，アメリカでは心理治療的プロ

グラムは，アウトドアスクール，非行少年の治療矯正機関，社会福祉施設，病院などで行われています。

心理治療的キャンプのねらいは，アドベンチャープログラムの過程で生じるストレスや葛藤にクライエントが向き合うことにあり，このような過程を経て得られる成功体験による自尊感情や有能感等の自己意識の改善にあります。また，このような自己意識の改善に伴って身体活動の仕方，あるいはあり方をも変えていく体験となります。すなわち心と身体の両面において変容が期待できるといわれています（坂本，2008a）。

わが国では，アメリカほど本格的な治療的キャンプは行われていません。しかしながら意外にもその歴史は古く，1960年代頃より自閉症や喘息児を対象にした療育キャンプが実践されていました。また，教護院（現在は児童自立支援施設）での自然体験活動なども実践されていました。1980年代頃からは，不登校児童生徒を対象に，夏休みなどの長期休暇を活用した治療的キャンプが行われるようになりました。現在では，不登校児が示す不安障害や適応障害の改善，あるいは発達障害児の自己概念の向上や社会性の改善をねらいにしたキャンプが盛んに行われています。

A君が参加したキャンプは，社会教育施設が主催した長期キャンプで，健常な子どもと心理的な課題を抱える子どもの両方が参加する統合型のキャンプでした。A君以外にも，不登校，発達障害の子どもが数名参加しており，6名からなるグループに1名から2名がグルーピングされていました。また，グループには，2名のキャンプカウンセラーがついていました。キャンプは，1泊2日の事前キャンプと12泊13日のメインキャンプが行われました。事前キャンプでは，保護者とクライエント本人の面接とテント設営の練習や野外炊事，軽登山などが行われ，これらを通じて，クライエントの心理的，体力的な見通しが検討されました。

3節　キャンプカウンセリング

キャンプには，キャンプカウンセラー以外にもスタッフが存在しキャンプを支えています。キャンプディレクター，プログラムディレ

クター，食料，マネジメントなどのスタッフがいます。しかしながら，これらスタッフは，それぞれの役割があり，直接クライエントたちには関わりません。直接関わるのはキャンプカウンセラーです。その意味でキャンプカウンセラーは，子どもたちに最も影響を与える存在であるといえます。以下では，キャンプカウンセラーの仕事であるキャンプカウンセリングについて説明したいと思います。

1．キャンプカウンセラーの知識・技術

キャンプカウンセラーは，キャンプ場面で必要とされる専門的な知識・技術を身につけておく必要があります。図8-1は，キャンプカウンセラーに求められる，主要な知識・技術を4つ示しています。

(1) 野外活動の知識・技術

これはアウトドアスポーツをインストラクションする知識・技術があげられます。また，単にアウトドアスポーツをインストラクションするだけでなくて，海洋や山岳といった多様な自然環境で寝食などの生活するための知識・技術も含まれます。アウトドアスポーツは，海洋，河川，山岳，空など活動環境によって多くの活動があります。これらすべてにおいて高い技術を身につけることは困難ですが，プログラムとして活用するスポーツに関することは身につけておく必要があります。例えば，登山であれば，登山の経験があることはもちろんの

▲図8-1　キャンプカウンセラーに求められる知識・技術

こと，その専門的な知識・技術が必要になりますし，また，そのための身体的な能力が必要であることは言うまでもありません。

（2）自然環境に関する知識・技術

　ここでいう自然環境に関する知識とは，おもに野外活動を行う環境の，地形，気候，植生，生態などに関することです。例えば，山の高所環境あるいは，海の水中環境など，特殊な環境を理解しておくことが必要です。また，活動する環境周辺の危険な生物あるいは，動物などについて知っておくことも求められます。さらに，自然環境においては，自然保護や環境倫理の観点から活動できる技術が求められます。すなわち環境リテラシーといった環境をより良く活用するための資質や能力を身につけておくことが望ましいということです。

（3）リスクマネジメント

　どんなに素晴らしいプログラムで治療的な成果があっても事故を起こしてしまうと，すべての成果が失われかねません。重大な事故につながるような過失を未然に防ぐための対応策を立てておく必要があります。自然環境において，危険を伴う活動を行う上での，事前の実地踏査，保険の加入，プログラム中の安全対策，事故や怪我などが発生した場合の応急処置など，これらリスクマネジメントの知識・技術は不可欠なものと思われます。心理治療的キャンプでは，心の安全が大切なことは言うまでもないことですが，身体的な命に関わる安全に優先されることはありません。あくまでも，身体的セーフティファースト（安全第一）を心がけておかなければなりません。

（4）スポーツ心理学やカウンセリングの知識・技術

　心理治療的キャンプにおいては，いずれの知識・技術も重要なのですが，心理的治療をねらいにしたキャンプの場合は，このカウンセリングの知識・技術が最も重要であると思われます。アウトドアスポーツが有する心理的効果やスポーツ・運動を活用したカウンセリングの方法について学んでおく必要があります。

2. クライエントの理解

　心理治療的キャンプでは，参加するクライエントの理解が重要になります。プログラムが安全に行われ，そしてクライエントにとって効果的であるためには，クライエントの特徴を充分に捉えておく必要があります。逆にいえば，そのようなクライエントの特徴に応じたプログラムを提供することが大切になります。したがって，メインキャンプの前に，クライエントについてある程度の情報を得ておく必要があります。

　クライエント理解には，2つの側面があります。1つは，クライエントを一般的に理解する側面です。心理治療的キャンプの場合は，不登校，発達障害，あるいは非行，被虐待などの児童生徒が参加します。したがってこのような心理的な課題や障害を抱える子どもに関する一般的な知識についての理解が必要になります。もう1つは，クライエントの個性や行動の特性を個別的に理解しようとする側面です。当たり前ですが，同じ発達障害と診断される子どもであっても，性格や行動様式はそれぞれで異なっています。同じキャンププログラムを体験しても感じ方や考え方は皆違っています。したがって，個々のクライエントごとに，いかにプログラムを提供し，関わっていくかなどについて見通しを立てておく必要があります。このような見通しは，「見立て」（土居，1992）などといわれています。

　A君が参加したキャンプでは，事前キャンプが実施され，テントの設営，野外炊事，軽登山の場面での観察を通して，行動面や体力面について見立てが検討されました。キャンプに参加する他の子どもとのコミュニケーションの様子，テント設営時の協力の程度やスタッフが話をしているときの集中力，山を歩く体力的な強さなどについて検討されました。通常の面接室内で行われるカウンセリングと比較して，キャンプでは，このような実際の活動，運動場面を通じて行われる対人的行動や体力を見立てる点が特徴といえます。

　また，面接を通じて，臨床心理学的な見立ても行われます。面接では，キャンプのことを話題にしながら話を聞き，クライエントの立場から人格，行動，意欲などの特徴を評価します。筆者は，査定的な面接に描画などを活用します。図8-2は，風景構成法とよばれる描画法

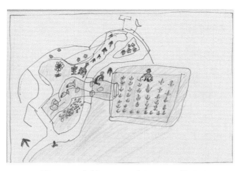

▲図8-2 事前キャンプ時の風景構成法

の1つでありA君の描画です。描画法の取り扱い方については、さまざまな考え方があり、ここでは紙数の関係で詳細は説明できませんが、クライエント理解の一助として活用しています。

　A君については、発達障害と診断されていて学校や家庭でしばしば問題行動起こしていることが事前情報としてありました。その情報のみからA君を理解するならば、キャンプでも何らかの問題行動を起こすことが容易に想像されました。キャンプに参加できるかどうかの判断も難しく感じられました。しかし、図8-2の風景構成法に取り組むA君の様子と描かれた絵からは、トラブルメーカーで周りを困らせているという印象とは異なるA君も想像されました。実際、A君は温和な表情で絵を楽しそうに描き、こちらがびっくりするくらい一所懸命取り組んでくれました。また、その熱のこもった絵に描かれた田んぼで作業する人などは、どこか勤勉で、かつユニークな印象さえも感じられました。もちろん、その一方で描画には課題も散見しています。しかしそのことよりも、ああ、これならばキャンプはやれるのでないかと見通しを感じさせるものでした。描画は、A君の話す言葉や観察される行動から理解されるものとは別の側面を教えてくれることもあるように思います。

　このようにして最終的にはA君の活動、運動場面による見立てと面接における見立てを合わせてA君像をまとめ、キャンプにおける支援のあり方についてキャンプカウンセラー間やスタッフ間で共有することになります。

3.「関係性」を大切にする

　キャンプはグループによる活動とはいえ，やはりクライエント個人を大切にする姿勢が基本となります。クライエントとキャンプカウンセラーの良好な「関係性」を基盤にしてキャンププログラムが行われることが成果につながるといえます。関係性とは，クライエントとキャンプカウンセラーという立場に左右されないような心のつながりを意味します。

　心理治療的キャンプで大事なことは，クライエントに，まず何よりもキャンプという枠組みに入ってプログラムを体験してもらうことです。したがって，キャンプカウンセリングではいかにクライエントを積極的に，あるいは意欲的にプログラムを体験してもらうかということを考えなければなりません。クライエントの態度が積極的であるか，あるいは消極的であるかは体験のあり方に大きく影響するからです。

　グループの他のメンバーに比較して身体的，体力的に劣るＡ君が，トレイルを毎日歩くことができたのは，やはりキャンプカウンセラーとの関係性という支えがあったからこそだといえます。この関係性は，キャンプ開始から日々の生活を通して醸成されるもので，山歩きの時の何気ない手助けであったり，食事の時の和やかな会話であったりとさまざまな場面でつくられるものだと思います。このような肯定的な関係性が支えとなってＡ君はプログラムを存分に体験することができました。

　キャンプのプログラムでは，楽しいことばかりではなく，時には我慢したり，挑戦したりというようにクライエントの気持ちが消極的になる場面もあります。また，雨などの悪天候で活動することもあります。しかし，クライエントとカウンセラーの関係がよければ，雨の中であれ，嵐の中であれ意欲的に取り組むことが可能になります。つらいことや苦しい克服的なプログラムであっても，関係性によってその挑戦への意欲が異なるのは言うまでもありません。

4.「個」と「グループ」に着目する

　キャンプは，グループでの活動です。したがって活動中は，どうしてもグループ全体の様子や雰囲気に視点が向きがちになります。しか

しながら，クライエント一人ひとりを大切にする視点を忘れてはならないと思います。グループは，とても大きな力動をもっています。この力動は，良い方向へ作用することもあれば，時には負の方向へ作用することもあります。昨今いじめが社会的問題になっていますが，これはグループの負の側面が個人に悪影響を及ぼす典型例だと思われます。グループの力によって個人がいかに影響を受けるかということを十分に理解しておく必要があります。

　キャンプでは「全員で決めたことだから」「みんながしているから」などということでグループ行動することが少なくないように思います。しかし，このようなときでも，キャンプカウンセラーは，自分の目の前のクライエント個人にとってそのことがどんな意味をもつのかということを考えておかなければなりません。グループには，さまざまな個性をもった子どもたちがいます。人前で話すことが苦手な子もいれば，おしゃべりな子もいます。体力が高い子もいれば，低い子もいます。それぞれみんな違っており個別な存在です。子どもが「グループにあって個でいられる」ことに配慮しなければなりません。

　心理治療的キャンプでは，キャンプカウンセラーは，A君が心理的あるいは体力的に脱落しないことに留意しながらプログラムを進める必要がありました。キャンプカウンセリングの難しい点は，グループの成果を考えながら，問題行動や気になる子に注意を払わなければならない点にあり，「個」と「グループ」の両方に着目しなければならないことだと思います。

5．グループの主体的な解決ということ

　筆者は，キャンプカウンセリングでは，クライエント個人の症状や課題に焦点を当ててそれを改善することよりは，プログラムのあらゆる場面で生じてくるできごと（event-guided）での，クライエントあるいはグループの行動に対応しながら活動を支えるというスタイルが理想であると考えています。すなわちそれは，プログラムにおけるクライエントあるいは，グループの体験に添いながら行っていくということです。

　A君への関わりも，基本的にはこのようなスタンスで行われていました。キャンプは，グループで活動するので，起こるできごとの多く

は，グループ内で生じます。A君の問題行動のほとんどは，グループ内の他の子どもたちとの間で起こったものでした。キャンプカウンセラーは，何か問題が起こった時には，すぐには，その問題をおさめようとはせず，グループにおけるプロセスを見守りながら，必要に応じて対応していました。すなわちできうる限り，グループのプロセスを活かしながら，グループで主体的な解決がなされるように手助けをするのです。

　グループ活動が対人的な場であるだけに，メンバー同士が問題を起こすことは避けることができません。事例のキャンプでは，確かに，さまざまなできごとのきっかけをつくるのはA君なのですが，そのできごとに巻き込まれる他の子どもが自分の課題と向き合う機会になることもあります。例えば事例の冒頭に出てくるB君は，A君が許せずに先頭を歩くことを責めました。しかし，夜の振り返りでは，「少し責めすぎたかな」などと反省的な発言をしました。B君は，グループで決めたルールはしっかり守るのですが，ややそれを主張しすぎることが，他のメンバーとの関係を悪くすることもありました。浅田・平松（2007）は，グループにおけるトラブルという現象は，個々人を巻き込むだけの高いエネルギーをもち，それによってメンバー自身のテーマと向きあう機会となる可能性を秘めていると述べています。B君にとっては，A君とのできごとを通じて自分自身を内省することになったといえます。

　キャンプカウンセラーは，このようなグループ内の主体的な解決のプロセスを大切にしつつ見守ります。起こった問題にすぐに介入するのではなくて，グループ内の個人の動きが生じてくるのを見極めながら活動を続けていくことが求められるように思います。

6．クライエントとの共体験

　キャンプカウンセラーは，クライエントとプログラムを共体験する伴走者のようなものです。クライエントが主体的に体験することを見守りながら，自分も同じように体験するからです。そのことが「今，ここで」体験しているクライエントに共感できる一番の方法となります。そして，そのことがクライエントとの関係性を深めていくことにもつながります。また一方で，キャンプカウンセラーが，あくまでもクラ

イエントとの伴走者であることも忘れてはいけません。時には，クライエントを導くように前を走ることがあっても，やはり体験の主役はクライエントであるからです。

　キャンプカウンセラーの共体験はいうほどには易しいことではありません。自分が体験しながらクライエントを見守らなければならないからです。体験を主観的に体験することと同時に，クライエントを観るために客観的でいることも必要だからです。このようなあり方は，関与しながらの観察（participant observation）（土居，1992）などといわれていることに近いものだと思います。これができるためには，キャンプカウンセラーはクライエントにインストラクションしながら，自らが体験できる程度の技術が必要になると思います。子どもたちに活動をインストラクションすることで精一杯では，関与観察は難しいといえるでしょう。

　キャンプカウンセラーは，A君と山を歩き，体験を共有し，時には感動し合い，時には，冷静にA君を見守っていました。このように関わるためには，日ごろからアウトドアスポーツやキャンプの技術を磨いておくことが必要になります。

4節　キャンプの効果

1．キャンププログラムの評価

　これまでに心理治療的キャンプの効果は，おもに心理社会的な効果が報告されてきました。それは自己概念や自己成長などの個人内（intrapersonal）に関する効果や社会性や対人関係などの個人間（interpersonal）に関する効果について報告されています（例えば，飯田ら，1990；奥山ら，1999; Ewert et al., 2001；坂本，2008b）。

　また，より臨床的な症状に焦点をあてたプログラムの効果も報告されています。例えば，先述のゼロフら（Zelov et al., 2013）の研究では，プログラムの臨床的効果を評価するためにY-OQ（Youth Outcome Questionnaire）という検査を用いてプログラム効果を検証しています。検査は，プログラム前後においてクライエントと保護者に実施しています。Y-OQテストには6つの臨床指標があり，

①不安抑うつ傾向（interpersonal distress）
　　②身体症状（somatic）
　　③社会性（interpersonal relationships）
　　④精神疾患（critical items）
　　⑤社会的問題行動（social problems）
　　⑥機能障害（behavioral dysfunction）

が評価されます。プログラム前，プログラム後，6か月後の評価では，クライエントの自己評価，保護者の評価いずれも，すべての指標においてプログラム前後で有意差が認められ，健常児と同じ水準のスコアまで変化し，プログラム6か月後においてもその効果が維持されたことが報告されています。

　このような数量的な評価は，プログラムの全般的な評価には有効と思われます。今後も継続してこのような心理治療的キャンプの効果について報告していくことが，キャンプによる治療的な試みを社会的に認知してもらう上では大切なことであろうと思います。

　しかしながら，筆者はそれだけでは不十分ではないかと考えています。心理治療的キャンプの効果を考える際には，クライエント個人にとっていかなる効果や意味があったのかということを検証することをぬきにしては片手落ちのように思います。なぜならば，心理治療的キャンプに参加してくるクライエントは，A君以外にもいましたが，抱えている問題や課題は，それぞれが違っており，それゆえプログラムの効果や意味も異なっているからです。おしなべて同じ観点から臨床心理学的な数量的評価（例えばY-OQ）をしてみても，クライエント個人の課題についてどうであったかということについては明らかにならないからです。

　したがって，クライエント個人にとっての効果や意味を検討するには，1節で示したような事例から効果や意味について考えてみることが有効であると思います。このような事例を検討することは，直接キャンプカウンセリングに関わった，カウンセラーが自身のカウンセリングを振り返ることやキャンプのスタッフにおいても極めて有意義なことであると思われます。

2. A君にとってのキャンプの意味

　A君の課題は，いかに自分らしくありながら，キャンプのグループの中で適応的にいることができるかであったように思います。学校社会などでは認められないであろうA君のふるまいが，社会で許容される程度のふるまいへと変わることがA君の課題でした。

　他人の足をわざと踏みつけるなどの暴力的な行為，場を考慮しない不規則で否定的な発言，自分のやりたいこと以外は手伝わないなどの行動に表れていたA君の自分らしさは，自己中心的であり，他者の存在をまったく無視するようなものでした。実際にキャンプ序盤，A君はグループから遅れ1人で山を歩かねばならない場面が何度もありました。しかし，歩く以外の選択肢がA君にあるはずもなく，さらに疲労も伴ってやがてA君は黙々と山を歩くようになりました。そして，そのような中でA君は他者と向き合わざるを得なくなりました。何度遅れても必ず待っていてくれるグループのメンバーや，遅れるA君のそばで一緒に歩いてくれてその努力を肯定的に評価してくれるカウンセラーの存在は，他者の優しさや温かな面に触れるきっかけとなりました。

　一方で，メンバーから受ける批判は，A君が他者を強く意識するきっかけとなったと考えられます。活動を共にし，関係性が深まる中で，時に自分に対し温かく，時に厳しく関わるグループのメンバーは，A君に揺さぶりをかけることになったといえます。A君にとって他者が他者として存在するようになったといえます。

　また，A君はメンバーから「シェフ」と呼ばれるようになりましたが，これはA君にとって他者との関係性をさらに深める大きな体験となりました。他者が喜ぶことをすると認められるという一見当たり前のようにみえるこのできごとは，A君の他者との関係性の質を変える体験になりました。キャンプ中何度もぶつかるだけで，壁のような存在であった他者が，単に壁ではなくて相互に浸透する他者になったからです。A君は，キャンプにおいて同世代の子どもたちと仲間関係を構築することができるようになりました。

　キャンプ終盤，分岐点でメンバーと共に地図を確認したり，グループのルールを守って歩いたりと，そこにはグループのメンバーと仲間

▲図 8-3　キャンプ後の風景構成法

として行動するＡ君の姿がありました。Ａ君は，キャンプを通じてグループのメンバーから否定される体験をしたり，逆に受容される体験をしたりしながら，自分らしさを他者に受け入れられる程度の枠の中に少しずつ収めていったように思われます。そしてＡ君は，キャンプを通して他者と衝突しながら他者性を獲得するまでに変化したといえます。

　図 8-3 は，キャンプ直後の風景構成法による描画です。図 8-3 では，Ａ君の大きな変化がみて取れます。図 8-2 では，川の流れが止まり何か衝動性や攻撃性が滞っている状態のようにみえましたが，図 8-3 では，上流から下流へと勢いよく流れています。また，絵の右上部に描かれた町並みには，日常の人々の営みが描かれ，人と人のつながりが感じられます。そして，図 8-2 では田植え作業が描かれていましたが，ここでは，稲も成長しています。収穫の時期を迎えたのでしょうか，コンバインが描かれています。まさにＡ君の成長を表しているといえるのではないでしょうか。

　最後に，グループのメンバーからＡ君へのメッセージとＡ君の日記の一部を紹介しておきたいと思います。メッセージは，ゴール前日の夜にメンバーが互いに書いたものです。日記もゴール前日にＡ君が書いたものです。

【Ａ君へのメッセージ】
・キャンプのはじめより，登るの速くなったね。登りはみんなが待ってくれるからゆっくりでいいと思うよ
・いつもおもしろかったところがよかった。明日もゴールまで登ろう

・仲良くしてくれてありがとう。とてもたのしかったよ。明日ゴールの山頂までがんばっていこう
・登りは初日より速くなったね。すごいです。まだ登りはあるけど，私もがんばるから共にがんばろう
・私が道に迷ったら「こっち！」とか言ってくれました。私がすべったら「大丈夫？」とか言ってくれました。うれしかったです

【A君の日記】
　山の中をあるくとみちがわかれているところがあって，カウンセラーがおしえてくれないからみんなでちずをみてがんばりました。山のぼりはやってからのたっせいかんが，うれしいから，あしたはゴールまでとうはしたいです。
　きょうもぜんいんでゴールしました。とうげでは1いになれてうれしかったです。そこまでいけたのはみんなのおかげだし，じぶんのおかげでもあります。
　あるいているときに，ばらばらになったこともあったけど，とちゅうからはみんなが，一人ひとりのペースにあわせてあるくことができたとおもいます。じぶんはのぼりがにがてだから，みんなをまたせないようにはやくあるきたいです。あしたはがんばってゴールまでつきたいとおもいます。

5節　キャンプカウンセラーを目指す

　この章では，心理治療的キャンプにおけるキャンプカウンセラーの仕事について事例を提示して解説しました。キャンプカウンセラーのイメージの一端は理解していただけたのではないかと思います。

　今のところ，わが国では心理治療的キャンプのカウンセラーのモデルが確立しているわけではありません。しかしながら現場においては，先述の通り，スポーツ心理学や心理カウンセリングの基本的な知識・技術を学び，さらに野外活動の指導ができる人材が求められていると思います。現在は，大学の体育・スポーツ系学部，全国体験活動指導者認定委員会が主催している指導者養成カリキュラム（NEALプログラム），あるいは日本キャンプ協会などの指導者養成プログラムなどで学ぶことができます。詳細については，それぞれのホームページを閲覧してください。

　最後になりますが，キャンプカウンセラーを目指したい人は，まず

は自らが自然の中でキャンプやアウトドアスポーツなどの体験をすることが必要だと思います。そして，子どもたちと共に自然の中で体験することの楽しさを知ることと，一方でその難しさを知ることが大切ではないかと思います。

第9章
幼児教育の現場に活かされるスポーツ心理学

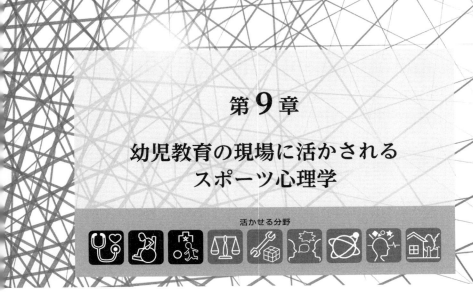

1節　幼児教育における子どもの発達の視点

　現在の日本の乳幼児の教育・保育は，大きく分けて幼稚園，保育所，認定こども園の3つに分かれています。このうち幼稚園は3歳以上の子どもが通う学校に属し，1日4時間の教育・保育時間を標準とします。また保育所は0歳から6歳までの子どもを対象とし，8時間の保育時間を原則とする施設にあたります。そして認定こども園は幼稚園と保育所の2つの機能を併せもつものとして約10年前に制度化されました。ここ数年来，社会的な問題として大きく取り上げられている待機児童の問題は，これらのうち，おもに保育所に入所することができない子どものことを指しています。つまり，働く女性が増えたことで，それまで幼稚園へ通っていた子どもが保育所等へ通う必要性が生じ，そのことで，保育所等への入所が困難になってきたためです。しかし，この待機児童の問題は，都市部や交通の利便性の高い一部の地域に偏ったものであり，全国的には少子化という現状に大きな変化はみられません。

　幼稚園，保育所における教育・保育の目標や内容は，文部科学省（1999）の「幼稚園教育要領」，厚生労働省（1999）の「保育所保育指針」に示されています。これらはいずれも教育・保育実践のための手引きとして活用されていますが，いずれにおいても子どもの発達を

みる窓口として，以下の5つの領域が設定されています。

- ・心身の健康に関する領域「健康」
- ・人との関わりに関する領域「人間関係」
- ・身近な環境との関わりに関する領域「環境」
- ・言葉の獲得に関する領域「言葉」
- ・感性と表現に関する領域「表現」

　これら各々の領域の内容やねらいは，遊びを通して達成されることを基本としています。中でも，保育内容の「健康」領域は，「明るく伸び伸びと行動し，充実感を味わう」「自分の体を十分に動かし，進んで運動しようとする」「健康，安全な生活に必要な習慣や態度を身に付ける」ことをねらいとし，これらを達成するためには，身体を使った運動遊びが最も適しているといえます。例えば，園庭で縄跳び遊びをする子どもたちがいるとします。縄をまたぐことはできても跳べない子どもは，跳ぶ方略がないことから，そこでの挑戦をやめてその場から離れてしまいます。このとき，保育者の多くは，その子をそのままにはしておきません。おそらくは，かけっこや滑り台などその子ができる他の遊びでのできばえを十分に認め，褒めた上で縄跳びへの再挑戦を促すことでしょう。そして，その子が再び縄跳びへの挑戦を始めたときには，縄回しのスピードやタイミングなど，その子が跳びやすいよう全力で調整することでしょう。どのような形であれ，跳べたことを大事にしながら，やがてその子が自身の縄跳びのできばえに満足し，自ら遊びを終えるまでずっと寄り添うことでしょう。そして，ここで跳んだ経験は，他の子どもと共に跳ぶ楽しさへと発展することになるかもしれません。この一連の保育者の行動には，子どものやる気を引き出す方法をはじめ，縄跳びの再挑戦過程における成功体験の積み重ねへの工夫など，運動遊びに対する動機づけや運動指導の方法，さらに運動遊びを通した共感性や道徳性の発達といった側面において，スポーツ心理学の知見が大いに活かされているといえます。

2節　子どもの体力・運動能力の発達

1．体力・運動能力の低下の現状から

「すぐ『疲れた』と言う」「背中ぐにゃ」「朝起きられない」「夜眠れない」「体が硬い」「床にすぐ寝転がる」「転んでも手が出ない」など，これらは保育者が「最近増えている」と実感する子どもの様子です。これらは子どもの身体のおかしさの実感率として1978年からほぼ5年ごとに調査されています（阿部ら，2011）。そして，この実感調査結果と同期するように，子どもの体力・運動能力の低下も顕著となっています。図9-1は文部科学省が1964年から実施している「体力・運動能力調査」での持久走の結果です。これをみると1980年代半ばをピークに下降傾向にあった児童の体力は，緩やかな向上傾向がみられるものの，依然として低い傾向にあります（文部科学省，2015）。このような低下の背景としては，日常的に活発に運動する子どもとそうでない運動不活発な子どもとの，運動実施における二極化の問題が指摘されています。また，この傾向は幼児においても同様です。今日の幼児の運動能力調査は，旧東京教育大学体育心理学研究室にて作成されたものを基盤に作成・実施されているものです。調査は25m走，立

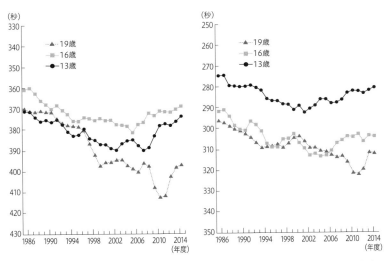

▲図9-1　持久走の年次推移（左：男子1500m，右：女子1000m）（文部科学省，2015より）

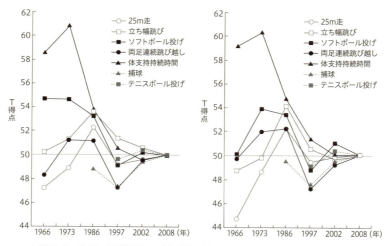

▲図9-2　幼児の運動能力の時代推移（左：男児，右：女児）（森ら，2011）

ち幅跳び，ボール投げ（ソフトボールまたはテニスボール），両足連続跳び越し（等間隔に置かれた積み木を，両足を揃えてリズム良く跳び越す），体支持持続時間（机と机の間に立った後，足が床から離れてから再び床につくまでの時間），捕球（3メートル先から1.7メートルの高さを越えて投げられたボールをキャッチする）で構成され，それらは子どもの運動機能や発育発達の状態を把握する上で有効な方法です。図9-2は，杉原らが1966年から始め，それ以降定期的に実施している幼児の運動能力調査の年次推移を示しています。これによれば，幼児の運動能力は1986年から1997年にかけての低下以後は，低下した状態のままで安定し現在に至っているといえます（森ら，2011）。つまり，子どもの体力・運動能力低下の問題は，すでに幼児期から始まっているといえるのです。

　このような子どもの体力・運動能力の低下の問題には，運動量の減少に加えて，運動の基本となる動作が未習得な子どもの状況も指摘されています。ギャラヒュー（Gallahue, 1993/1999）は，幼少年期の運動発達の段階を基本的動作の段階と位置づけ，2～3歳頃の未熟な初期段階，4～5歳の定着段階，そして成人のレベルに近づく6～7歳の成熟段階の3つに区分し，この時期での基本的動作の習得の重要性を説いています。中村ら（2011）は，幼児の基本的動作様式の発達

調査を行い，2007年の幼児は1985年の幼児と比べて低い発達段階にとどまっており，2007年の年長児の動作発達段階は，1985年の年少児と同様であるという衝撃的な結果を報告しています。このことは，いわば子どもの身体の不器用さともいえるような深刻な状況へと進展することが危惧されます。こうした流れに歯止めをかけるべく，体育科学センター（1980）は幼少期に獲得しておきたい84種類の基本的動作を示しています。それは「体のバランスを取る動き（平衡系動作：回転，浮くなど）」「体を移動する動き（移動系動作：走，跳など）」，そして「用具などを操作する動き（投動作，打動作など）」に分類されます。田中（2009）は，子どもの自由遊びでの基本的動作の表出の割合を調査し，幼児の運動能力調査結果との関連を示唆しています。そして，特に相関の高かった25メートル走，ケンケン，開眼バランス，立ち幅跳び等の運動要素は，幼児の自由遊びの中で頻繁に行われていた一方で，相関があまりみられなかったボール投げ，ボールつき，閉眼バランスなどの運動要素は日々の遊びの中には含まれていなかったことを報告しています。これは，子どもがボール投げ，ボールつき，閉眼バランスなどの運動要素が含まれた遊びを行っていないことを意味し，日常的に活発に運動する子どもであっても，これらの基本的動作の習得に偏りが生じる可能性を示すものといえます。

　これまで述べてきたように，教育・保育において運動の基本となる動作を身につけるためには，運動量の確保（量），およびバランスの良い運動経験（質）が重要となります。そして，これら量と質を担保することで形成された多様な運動感覚は，調整力・協応力・平衡能力の発達を促し，次の段階でのスポーツスキル獲得のための基本条件ともなるのです。よって，運動不活発などにより，十分な運動量の確保やバランスの取れた運動経験に支えられた基本的動作の習得が身につかない場合は，その後のより高いレベルでのスポーツスキルの獲得が難しいことを意味します（Gallahue, 1993/1999）。つまり，何かを学ぶ「旬な」時期があることは，経験的・実験的に広く知られていることですが，運動の基本となる動作の習得については幼少期がそれに当てはまります。この時期の多様な動作の経験や習得が後々に影響するといえるのです。例えば，大人になってもボールが上手に投げられない人，リズミカルなスキップができない人の中には，この時期での動作経験

が十分でない場合があるようです。あるいは，自転車に乗ることは神経系の発達が著しい幼少期には比較的短期間で達成できますが，大人になってからでは相当の時間が必要です。こうした例からも明らかなように，幼少期は多様な動きの獲得と，繰り返しの動きによる運動の洗練化の2つの方向性を目指すことになるのです。

　教育・保育の現場においては，1989年の幼稚園教育要領の改訂に伴い，子どもの自発性や主体性を尊重する保育観のもとに自由保育が多く導入されるようになりました。すると，子どもは保育時間の多くを自由な遊びや好きな遊びで過ごすことから，ともすれば，活発な身体活動を行う子どもと運動不活発な子どもの二極化の問題がいっそう進むことも考えられます。子どもの自発性や主体性を尊重することは大切なことですが，幼少期が生涯にわたる動きの学習期であるという点では，それらに配慮しつつ将来の健康につながる運動指導も必要だと思えるのです。

2．子どもの不器用さ

　手や顔を洗う，歯磨きをする，着替える，箸を使う，ひもを結ぶ等，日常生活におけるこのような行為の定着により，子どもの日常のスムーズな流れが期待できます。しかしながら，洋服のリボンが蝶結びにできない（縦結びになっている），あるいは箸で大豆をつまみ上げられないといった大人の出現は，生活技能の低下を意味します。すると，大人の行為は子どもの目標であることから，動作が洗練化されないまま大人になることは，それ以降の大人の行為も未熟になることが予想されます。一方で，靴のひもに代わるマジックテープやジッパー，鉛筆削り機，マッチに代わるライターなど日常生活から消失した行為による影響も考えられます。加えて怪我や事故回避の点から，火を点けることや刃物使いなどは，もはや子どもの生活とはかけ離れたものとなりつつあります。ままごとでの刃物使いは，小さな怪我の経験の積み重ねを経て見事な「包丁さばき」への変容が期待されるものですが，怪我の回避からその使用を禁止することは，巧緻性の獲得の機会を奪うことになりかねないのです。昨今，いわゆる「不器用」としてクローズアップされる子どもの中には，日常における経験の機会を奪われ続けた結果であるといえるケースも考えられるのではないでしょうか。

ところが，こうした日常における経験不足を背景としない身体的な不器用さも指摘され，それらは発達協調性運動障害（Developmental Coordination Disorder: DCD）とよばれています。DCD は「運動の協調が必要な日常の活動における行為が，その人の生活年齢や測定された知能に応じて期待されるものより十分に下手である。これは運動発達の里程標の著明な遅れ（例えば，歩くこと，這うこと，座ることなど），物を落とすこと，不器用，スポーツが下手，書字が下手，などで明らかになるかもしれない」と定義づけられています（述井・宮原，1999）。ボール投げやドリブル，ラジオ体操，縄跳びといった全身運動（粗大運動）の貧弱さや，箸を使う，靴を履く，ボタンをつけるといった微細運動（手先の操作）のまずさ等は DCD の重要な特徴と考えられていますが，その症状は多様であり，通常は思春期および成人期まで持続するといわれています。DCD の有病率は学童期で 5 ％（欧米では 6 ％）といわれ，単純に計算すれば 40 人学級では 2 人が該当することになり，特別な配慮が必要です。このような子どもには，ボールを蹴る，投げるなど運動機能と感覚機能への認識を高めるような身体活動の機会を増やすことが望まれますが，自主性や自発性を尊重することに加えて，できないことによる仲間からの拒絶や身体活動からの引きこもりといった二次的な影響についても注意を払わなければなりません。

　これまで述べてきた身体の不器用さに加えて，「こころの不器用さ」も見逃せません。運動遊びは子どもの全面発達を支える柱の 1 つです。ところがその中では，「他の子どもとのトラブルが多い」「パニック状態になると周りが見えなくなる」「注意力が散漫」などといった子どももみられます。これらはいずれも保育者が挙げる，いわゆる「気になる」子どもの特徴です（久保山ら，2009）。ここでいう気になる子どもには，顕著な知的な遅れのみられないことが共通しています。また保育所における気になる子どもの調査では，男児に多いこと，どの年齢にも存在すること，そして多くが相談機関を利用していないことが報告されています（本郷ら，2003）。つまり，知的な遅れがみられないゆえ，その行動特徴は個性と捉えられ定期的な健診等で問題を指摘されることが少ないために，園生活など集団での継続的な活動を通して初めて問題行動が明らかになるといったケースが多いといえます。

近年の教育・保育の現場では，こうした子どもの理解と支援のあり方への関心が次第に高まり，気になる子どもの行動特徴は保育の工夫や保護者の支援を通じて変化することも知られてきています。例えば，相撲のまねごとや抱き上げ，おんぶや抱っこ，くすぐりっこなどのスキンシップを主とした保育者と子どもとの間で行われる体育的な遊びとしての「じゃれつき遊び」の継続的な実施を通して，子どもの大脳前頭葉の働きのうち，集中力や落ち着きの維持に関わる抑制機能のコントロール能力の発達・向上の効果に関する報告があります（西條ら，1984）。

3節　幼児期の体験の意味するところ

1. 原風景研究から考える子どもの体験

昨今の社会状況から，教育・保育の場では，家庭および地域社会の中で困難になってきた仲間同士の身体を通したダイナミックなふれあいや，仲間と共に考え，工夫しながら遊びをつくる創造的活動を意図的に導入することが必要となってきます。そして，こうした経験を通した心の記憶は，生涯を通じた潜在的な推進力となると思われるのです。

例えば，成人した今でもときどき思い出す幼い頃の風景や景色について1つだけ挙げるとしたら，それは，いつ頃の，どのようなことでしょうか？　あるいは，これまでの印象深いスポーツ経験の中で最も幼い頃のできごとはいつ頃の，どのようなできごとでしょうか？　先の問いかけは「原風景」とよばれるものであり，「成人してからも心の中に深く刻み込まれ，人生に影響を与え続ける幼少期の風景であり，それは現在を生きる自己との相互作用を通して心の中に創造された風景である」（Nakagomi et al., 2011）と定義されています。また，スポーツ経験に対する問いかけは「スポーツ参加に関連するすべての事象における子ども時代の最も印象的で，かつ重要な意味合いを有すると個人が判断する体験」（奥田，2009）と定義される「スポーツ原体験」を指します。いずれも自己の個人的な記憶である「自伝的記憶」とよばれるものです。この自伝的記憶に関する研究では，人々が自己の連続性や社会的つながり，そして行動の方向づけを目的として自伝

的記憶を語ることがわかっています（佐藤ら，2008）。筆者は，これまでアスリートの原風景やスポーツ原体験といった自伝的記憶を手がかりに，その特徴や幼少期の経験とその後の成長過程における競技への態度や意欲とのつながりを検討してきました（奥田・中込，2015）。すると，アスリートの原風景には身体活動が含まれていることが多く，幼少期からのスポーツ活動にまつわるさまざまな体験のつながりが，成長過程での彼らの競技継続の支えやコミットメントの水準に影響していることが考えられました。つまり，数ある中から1つだけ取り出される記憶には，今（成長後）の自分の有り様の影響が考えられ，それは過去の自分が今につながるものといえます。これまでの筆者らの一連の研究（中込・奥田，2014；奥田ら，2014）では，アスリートの原風景の形成は就学前の極めて早期で身体活動を含む内容が多く，それらは今（成長後）の競技への取り組み方やアスリートとしての特徴とイメージレベルでの重なりが認められるものでした。さらに，後年の競技活動における原風景の影響などの語りや記述からも，今の競技姿勢との意味づけをはかる傾向がみられたことからは，成長過程における競技への取り組みを通した個性化（生き方）へのつながりが考えられるものでした。また，遊びや運動に限定した早期の体験には，森や川など自然空間での遊びや，土や水，植物といった自然物での遊び，およびスポーツ活動が圧倒的に多く，これらはスポーツ原体験と重なるものでした。続く遺伝的側面や成育環境が近似しながらも成長過程において競技への態度や意欲に差が生じたり，きょうだいの一方が競技スポーツから離れるなど異なる歩みを選択した一卵性双生児アスリートの事例分析（奥田・中込，2015）からは，幼少期からのさまざまな経験の連続性の程度が成長後の競技への態度や意欲への鍵となることが考えられました。そして，双生児間で長く競技スポーツを継続した者の原風景は運動要素を含んだ力動性の高い内容であり，スポーツ原体験では敗北を通した「悔しさ」につながるエピソードと同時に，成功経験に基づく運動意欲の連鎖が語られ，それは成長後も心の奥深くに内在化され個を動かす推進力となっていることが考えられました。

2．幼児期運動指針から考える子どもの経験

　先の自伝的記憶の研究報告からは，幼少期が生涯を意欲的に過ごす

ための基盤づくりの時期であるといえます。幼児期運動指針（文部科学省，2012）においても，幼児期における運動の意義として「幼児は心身全体を働かせてさまざまな活動を行うので，心身のさまざまな側面の発達にとって必要な経験が相互に関連し合い積み重ねられていく。このため，幼児期において，遊びを中心とする身体活動を十分に行うことは，多様な動きを身につけるだけでなく，心肺機能や骨形成にも寄与するなど，生涯にわたって健康を維持したり，何事にも積極的に取り組む意欲を育んだりするなど，豊かな人生を送るための基盤づくりとなることから，以下のようなさまざまな効果が期待できる」とし，その効果として（1）体力・運動能力の向上，（2）健康的な体の育成，（3）意欲的な心の育成，（4）社会適応力の発達，（5）認知的能力の発達の5つを挙げています。そしてこれら運動の意義と対応するものとして，幼稚園教育要領および保育所保育指針では，「心と体の健康は，相互に密接な関連があるものであることを踏まえ，(略) しなやかな心と体の発達を促すこと」（ねらいおよび内容，「健康」，内容の取り扱いから抜粋。傍点は筆者による）としています。さらに幼児期運動指針では，このしなやかな体を目指すための方略として（1）多様な動きが経験できるようにさまざまな遊びを取り入れること，（2）楽しく体を動かす時間を確保すること（1日60分以上の身体活動），（3）発達の特性に応じた遊びを提供することとしています。

　図9-3は小学2年生の伝承遊びである各種鬼ごっこの1分間の活

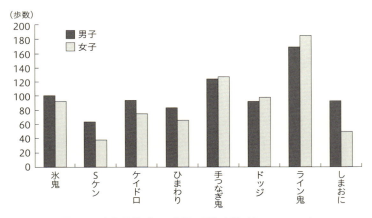

▲図9-3　各伝承遊びの1分間の平均歩数（岩田ら，2010）

動量（歩数）を示すものです（岩田・春田，2010）。これをみると，鬼ごっこ15分の実施で，およそ1,000歩の活動量が確保される計算です。体力・運動能力向上のための幼児の活動量の目安が1日当たり13,000歩以上であるとされていることを考慮すれば，伝承遊びでかなりの活動量の確保が見込まれます。また，鬼ごっこは捕まえたり，捕まらないためにさまざまな動作を行うことから，平衡感覚やバランス能力，調整力（巧緻性，協応性）など，幼児期に獲得させたい多くの運動要素を含みます。そして，刻一刻と変化する状況に応じて臨機応変な対応が求められることは，思考力や判断力などの認知能力の発達につながります。また，遊びに参加する子どもの発達特性に応じてルールを考えたり工夫したりすることで異年齢集団での遊びをも可能にし，その過程は社会性の発達へとつながるものです。「いつ始めても，いつやめてもよい，やってもやらなくてもよい」子どもの遊びの世界は，心と身体を通したさまざまな経験を積み重ねる機会であり，それは将来に備えた「経験の胎盤」（藤田，2003）ともいえるものです。

3．子どもの運動遊びを支える指導

　幼児期から児童期前半が生涯にわたる体力・運動能力獲得のための「旬な」時期であることから，子どもの運動遊びを支える保育者の指導の視点はとても重要です。なぜなら，保育者の指導の視点の違いが運動遊びへの子どもの感じ方を異ならせ，その後の遊びの展開に大きく影響するといえるからです。

　運動遊びの展開における保育者の視点は，大きく2つに分けられます。例えば雲梯を行う場合，保育者が腕を使ってどこまで進めるかを大切に展開した場合と，雲梯を使った多様な運動遊びを展開した場合とでは，運動指導の方向性は大きく異なります。前者はバランス良く腕を使って進むことが「できること」（能力）に視点をおいた指導であり，後者はぶら下がったり，登ったり，腕を使って「やってみること」（挑戦や努力）に視点をおいた指導であるといえます（嶋崎，2006）。運動指導におけるこれら2つの方向性（指向性）は，学習の雰囲気としてスポーツ心理学領域での知見をもとに表9-1のように説明されています。表中の「できること」重視は「結果志向的雰囲気」での運動指導であり，他者と比較して優れることや勝つことに価値を見出す雰

▼表 9-1　運動遊びの 2 つの視点とその相違（嶋崎，2006 を改変）

2つの視点	「やろうとすること」重視	「できること」重視
運動遊びの目標の重点	取り組もうとする一連の過程を重視（意欲・挑戦・努力など）	課題達成という結果を重視（技能の獲得や技術の習得など）
保育者と子どもの関係性とその特徴	保育者の提案を子どもと共有「横」「斜め」の関係性	保育者主導「縦」の関係性
保育者の働きかけ	提案・励まし・ヒント	指示・禁止・命令
保育者の姿	子どもと共に楽しむ	合理的・効率的に課題達成へ導く
期待される子どもの姿	積極的に参加して楽しむ	課題を克服し能力を獲得する
運動遊びの形態とその特徴	創りだす（創造性・融通性・発展性）柔軟な発想が認められやすい	課題の遂行（オートメーション化）ルールや勝敗に規定されがち

囲気であることから，できないことへの高い不安やそれに伴う動機づけの低さ，仲間との強い葛藤，ひいては勝利志向のあまり，評価や判定にクレームをつけるなどの道徳性の低さの獲得が危惧されます。一方で「やろうとすること」重視は「学び志向的雰囲気」での運動指導として個人的な進歩や上達，努力を高く評価することから，どの子どもも「できた！」という喜びや満足感，それに伴う達成感や高い有能感，さらには保育者や仲間との協同でのルールの尊重を通した高い道徳性の獲得が期待できます。

　幼児期の心理社会的発達段階を考慮すれば，多様な運動遊びを楽しい雰囲気の中で行うことで身体を動かすことが好きになることや，保育者や仲間の励ましの中でさまざまな種類の運動に取り組もうとする意欲づくりに目を向けた運動遊びの指導が子どもには適しているといえます。

4 節　子どものこころの発達と支援

1．子どものこころの発達と遊び

　ある幼稚園での子どもの様子です。この園では多様な環境を設定し，いろいろな遊びができる保育を実践しているという特徴がありました。

▲図 9-4　園庭での子どもの様子

その1つに30メートルのラインが数本引かれた場づくりがありました（図9-4）。運動会の徒競走コースの縮小版といった感じです。このような環境があると、子どもはどんどん走ります。「よーい、どん！」と声をかけながら走ります。時には、スタートラインに足を揃えるように言う子どもの声も聞こえます。「フライングはあかんで！」と大声を出しながら、楽しそうに何度も繰り返し走る子どももいます。全力で走る場合もあれば、笑いながら走ることもあります。本当に遊びながら走っているようで、見ている大人も楽しい気持ちになり、一緒に走ってみたいと思うほどでした。

　この様子を子どもの健康という視点で捉えると、身体的な発育発達への貢献は言うまでもありませんが、その他にもいくつかの意義が推察されます。まず、身体全体を使って遊ぶことは子どもの運動欲求を充足し、子どもの抱えるさまざまなストレスを発散します。それは子どもの情緒の安定に貢献するといえます。そして何度も繰り返し運動することは、食欲を増進すると共に質の良い睡眠を誘発することとなり、良好な生活リズムの形成や維持に貢献します。さらに子ども同士で「よーい、どん！」と声を掛け合ったり、スタートラインに足を揃えるように言ったりと、お互いの思いを伝え合いながら楽しく運動することで、コミュニケーションの発達や望ましいパーソナリティ発達が期待されます。同時に「フライングはあかんで！」などのように、みんなで楽しく走るためのルールを考えたり工夫したりすることからは、道徳性の発達も期待されます。このように、子どもは遊びの中で自ら

課題を見つけ，考え，工夫しているのです。臨床スポーツ心理学者の中込は，長きにわたるアスリートの心理サポートの経験から，子どもの運動指導においては，子どもが「考える (Kangaeru)」「試みる (Kokoromiru)」「省みる (Kaerimiru)」3Kを支える重要さを指摘しています。園庭で走る子どもにとっての3Kを支えているのは，保育者であることは言うまでもありません。

2．子どもの遊びの変化

　想像力を触発し，生活空間を広く豊かなものにする子どもの遊びは，身体を使って遊ばれるものが多いようです。競争や協同でのかけひき，大勢で遊ぶゆえのケンカや仲直り，ルールづくりを通して自分の思いに折り合いをつけることなど，遊びにおける子どもの感情表出は，子ども自身のさまざまな情動のコントロールの機会であると共に，自分を取り巻く他者の感情を学ぶ機会でもあります。

　ところが，近年は子どもの遊びに必要な3つの「間」と共に様変わりしているようです。3つの「間」は，「遊び空間（場所）」「遊び仲間」「遊び時間」のことで「サンマ」とよばれるものですが，これらの変化が子どもの育ちに影響しているようです。このサンマの「遊び空間」について，仙田（1992）は，自然スペース（魚や虫を採る，泳ぐ，木に登る，洞穴にもぐる等の自然体験空間），オープンスペース（鬼ごっこやボールゲームなどができる広がりの空間），道（路地）スペース（さまざまな遊びの拠点であり，出会いの場となる空間），アナーキースペース（追跡や格闘など野性的な遊びができる資材置き場や廃屋の空間），アジトスペース（大人に隠れてつくる秘密基地の空間），遊具スペース（さまざまな遊びが集約されている空間）の6つの空間を挙げています。そして，子どもにとっての重要度の順に「自然」「オープン」「道（路地）」の3スペースが中心的な遊び空間であり，これらを補足するように「アナーキー」「アジト」「遊具」の各スペースが存在し，子どもの発達にとっては少なくとも3つ程度のスペースの十分な保持が必要であると主張しています。しかしながら，社会状況の変化に伴い，子どもの遊び場は屋外よりも屋内の閉じられた空間になりがちであり，屋内スペースに合わせるかのように少人数となることで集団遊びが減少しているようです。加えて最近の調査では，保護者の就

労時間に伴う延長保育や習い事などによって園以外で「遊ぶ時間」が短くなっていることで，園内外を通して「遊び仲間」が減少し，父親や母親と遊ぶことが増えていることが報告されています（ベネッセ総合教育研究所，2016）。

　実際のところ，子どもの遊びはどうなっているのでしょうか。筆者らは，関西地方都市のある小学校区に生まれ育った10歳代～80歳代の遊び体験について調査しました（奥田ら，2010）。調査対象者を携帯ゲームが普及した1980年代で子どもだった世代を分け，30歳代以下を「ゲーム世代」として，40歳代以上との遊び内容と比較しました。すると，子どもの頃の遊びとして40歳代以上では「おしくらまんじゅう」のような集団での身体接触の多い遊びや「ゴム段（ゴム跳び）」のような力試しの要素をもつ運動遊びが回答され，身体を使った屋外での集団遊びが日常の遊びとして定着していた様子がわかりました。一方で30歳代以下のゲーム世代では屋外での「鬼ごっこ」や「かくれんぼ」といった集団遊びと共に，「ゲーム」遊びも回答されたことから，身体を使った屋外での集団遊びと身体を使わない屋内での少人数遊びといった，子ども集団あるいは遊び内容の二極化の状態が想像されました。さらに子どもの頃の楽しかった遊び場を地図上に示してもらったところ，ゲーム世代では家の近所やショッピングセンター・公民館などの屋内スペース，40歳代以上では公園や寺社・川やため池・里山などが回答され，世代が上がるにつれて遊び場が校区内から校区外へと広がっていることがわかりました。このことは，自然の多い地方都市においてでさえ「サンマ」の確保が難しい現実を意味するものでした。このような子どもの遊びの変化は，子どもがワクワクする「スピード」や「スリル」「スキル」はあっても，身体を使って五感をフル稼働する経験の機会が少なくなっていることは想像に難くないといえます。

3．幼児教育とエビデンス

　これまで述べてきたような子どもを取り巻く状況の変化からは，子どもの育ちを支える日常が「家庭と地域と園」から，「家庭と園」へと狭まっていることが考えられます。これは，子どもの育ちについてのさまざまな情報源が園に求められていること，つまりエビデンス（根拠）に基づく保育が必要とされていることを意味します。例えば子ど

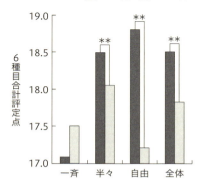

▲図9-5 保育形態ごとの運動日数による運動能力の比較（**$p < .01$）（吉田ら，2004）

　子どもの体力・運動能力の発育発達にとって，教育・保育の場での運動経験は重要な要因であることから，吉田ら（2004）は，保育形態（一斉保育・自由保育・半々）・運動日数（4か月間における運動日数）と運動能力の関係について調査を行い図9-5のような結果を得ました。このことからは，自由保育形態で少ない運動日数の群が最も運動能力が高く，一斉保育で運動日数の多い群をも超えていることがわかります。つまり，必要な経験の量が保障されている一斉保育中心の運動指導群よりも，経験の量が保障されていない自由遊び保育中心の運動指導なし群の子どものほうが高い運動能力を示したこととなり，予想からは大きく外れた結果であるといえます。見方を変えれば，これらは教育・保育の場での一斉保育中心や運動指導の際の順番，説明や指導を受けるといった「待ち」の時間の長さが子どもの活動量の低下につながることを指摘することとなり，子どもの自主的・自発的な身体活動が最も効果的であることを示す根拠となっています。なお，こうした要因の他にも，異年齢交流やクラス編成等の心理社会的環境要因や園舎や園庭の広さといった物理的環境要因による検討がなされています（森ら，2011）。また山名らは，幼児期の記憶を保育者養成に活かすための探索的な研究を行っています。そこでは，想起された印象深い幼児期の保育経験のうち，繰り返し想起された内容の多くが日常の遊びに関するポジティブなものであった一方で，保育者の存在や援助の想

起においてはポジティブな場面よりも,「やろうとしてもできない」のに「怒られたり注意されたりした」ネガティブな場面を想起する者が多いことを報告しています。そして，保育経験の記憶から得られたことの意味づけを行うことが，将来の保育者としての自身の有り様につながるとしています（山名・井上, 2009；山名・井上, 2010；山名・奥山, 2014）。

　根拠に基づく幼児教育の展開にあたり，大学等の保育者養成においては教育・保育の現場との双方向の学修が進んでいます。保育者を目指す学生は，複数回にわたる実習やボランティア活動を通して，大学で知り得た理論や知識をもとに検証を行うのです。眼前の子どもの運動指導をマニュアル化することはできませんが，そこにこそ保育の面白さや難しさがあるといえます。「子ども理解」や「指導計画」「子どもへの関わり」を軸に，彼らも「考える」「試みる」「省みる」の3Kを通して，より良い保育の展開を検討していくこととなります。同時に，このプロセスは学生自らの保育体験の振り返りや検証の機会を含む意味でも，保育者としての資質を高める一助となっています。

付録 さらに勉強するための推薦図書

『スポーツ心理学事典』
日本スポーツ心理学会（編）（2008）大修館書店

　本書は日本スポーツ心理学会設立35周年の年に，学会員が総力を挙げて取り組んだ，わが国初のスポーツ心理学事典として出版された。本事典は9つの領域に分かれ，関連用語の解説だけを目的とせず，スポーツ心理学の体系化を意識しながら用語が配列されている。したがって，事典としての活用だけでなく，領域全般の理解を果たすスポーツ心理学書としても位置づけることができる。

『よくわかるスポーツ心理学』
中込四郎・伊藤豊彦・山本裕二（編著）（2012）ミネルヴァ書房

　本書の企画では，スポーツ心理学における重要事項について簡潔にわかりやすく解説することを目指している。したがって，スポーツ心理学の入門書としての利用が望ましい。近年，様々な文脈の中で身体活動が行われるようになり，スポーツ心理学，体育心理学，健康運動心理学，運動心理学，ほか，それぞれが独自性を強調し，研究成果を積み重ねている。本書の執筆者の多くは，担当した事項に関連する研究課題において，第一線で活躍している研究者である。したがって，最新の研究成果に基づき著された内容である。

『運動指導の心理学―運動学習とモチベーションからの接近―』
杉原　隆（2003）大修館書店

　著者は長きにわたり教員養成系大学で教育研究指導を行ってきており，本書はその間の指導経験をもとに著されている。おそらく，著者自身の講義ノートが下敷きになっていることが想像され，将来体育指導者を目指す学生にとっては格好の書といえる。特に，本書の副題にもあるように，運動学習理論の平易な解説や効果的な運動学習指導との関連から，動機づけについて幅広く解説している。

『スポーツメンタルトレーニング教本　三訂版』
日本スポーツ心理学会（編）（2016）大修館書店

　現在，国内外でメンタルトレーニング関連の著書はかなりの数を認めることができるが，日本スポーツ心理学会では2000年より資格認定制度を立ち上げ「スポーツメンタルトレーニング指導士」（SMT）の名称で養成を行ってきた。本書は，その資格認定講習会でのテキストとして編まれ，その後改訂増補が重ねられてきた。本書ではメンタルトレーニングで採用される心理

スキルについて偏りなく，またそれらのスキルの有効性を裏付ける基礎的な研究知見を交えながら幅広く解説されている。また，メンタルトレーニングの実践例の紹介や日本スポーツ心理学会が認定する資格内容ならびに取得方法，ほかについても情報を得ることができる。

『スポーツカウンセリングの現場から』
中込四郎・鈴木　壯（編著）（2015）道和書院

本書は，心理技法の指導を行うメンタルトレーニングとは立場を異にするカウンセリング技法をベースとした，アスリートの心理サポート（スポーツカウンセリング）を実践している者（スポーツカウンセラー）たちによって執筆されている。タイトルに示す通り，本書はスポーツカウンセリングの基本事項について解説するのではなく，それぞれがスポーツ競技現場での臨床経験をもとに，スポーツカウンセリングの特徴や問題，課題について事例を踏まえながら解説している。また，狭義の心理的問題の改善に留まらず，アスリートの実力発揮や競技力向上に資するサポートについても多く語られている。

『運動と健康の心理学』
竹中晃二（編）（2012）朝倉書店

身体活動・運動の実践や健康の向上に，心理学がどのように貢献できるか，わかりやすく解説している。運動が身体や心にどのような効果をもたらすのかを学んだ上で，どうすれば運動を開始することができて，運動を継続することができるのか，理論を通して体系的に学ぶことができる。また健康関連産業の視座も踏まえながら，対象者や場面ごとの実践例も豊富に紹介していることから，理論を実践に活かす点を重視している良書である。

文　献

● はじめに
猪俣公宏（2008）．スポーツ心理学の歴史　日本スポーツ心理学会（編）　スポーツ心理学事典（pp. 7-13）

● 第1章
浅野友之・中込四郎（2014）．アスリートのコツ獲得におけるピロセスモデルの作成　スポーツ心理学研究，**41**(1)，35-50．
藤永　保（1999）．心理学の展開：誕生から発展へ　藤永　保・柏木惠子（著）　エッセンシャル心理学（pp. 222-230）　ミネルヴァ書房
加賀秀夫（1998）．スポーツ心理学とは　日本体育協会（編）　C級コーチ教本（pp. 1-4）　（財）日本体育協会
中込四郎（2013）．臨床スポーツ心理学　道和書院
Nakagomi, S. & Asano, T. (2015). Reconsidering the process of 'Kotsu' acquisition in athletes through Zen Buddhism's "Ten Oxherding Pictures." *14th European Congress of Sport Psychology*, Bern, Switzerland.
Nakagomi, S. & Yamamoto, Y. (2016). JAPAN. R. J. Schinke., K. R. McGannon., & B. Smith. (Ed.) *Routledge International Handbook of Sport Psychology* (pp. 47-55). Routledge, New York.
日本スポーツ心理学会（編）（2008）．スポーツ心理学事典　大修館書店
日本スポーツ心理学会（編）（2013）．日本スポーツ心理学会40年記念誌
杉原　隆（2000）．まえがき　杉原　隆・工藤孝幾・船越正康・中込四郎（編著）スポーツ心理学の世界（pp. 3-6）　福村出版

● 第2章
中込四郎（2007）．スポーツ選手の心性　中込四郎・山本裕二・伊藤豊彦（著）　心理学の世界　専門偏　8　スポーツ心理学（pp. 177-184）　培風館
中込四郎（2013）．心理サポートにおける二つの側面ならびに水準　臨床スポーツ心理学　アスリートのメンタルサポート（pp. 7-11）　道和書院
日本スポーツ振興センター・国立スポーツ科学センター（2012）．日本体育・学校健康センター国立スポーツ科学センター年報2012（p. 27, pp. 53-54, p. 79）
日本スポーツ振興センター・国立スポーツ科学センター（2015）．日本体育・学校健康センター国立スポーツ科学センター年報2015（p. 22, pp. 51-52）
鈴木　壯（2012）．競技心理　1　競技スポーツ・アスリートの心性　中込四郎・伊藤豊彦・山本裕二（編著）　よくわかるスポーツ心理学（pp. 126-127）　ミネルヴァ書房
立谷泰久（2014）．オリンピック選手の心理サポート　メダル獲得後のプレッシャー　臨床スポーツ医学，**31**(10)，pp. 996-1000．文光堂
立谷泰久・村上貴聡・平木貴子・荒井弘和（2014）トップアスリートにおける心理的競技能力の特徴について　―インタビュー調査による検討―　日本体育学会第65回大会予稿集
土屋裕睦（2012）．メンタルトレーニング　9　スポーツメンタルトレーニング指導士　中込四郎・伊藤豊彦・山本裕二（編著）　よくわかるスポーツ心理学（pp. 168-169）　ミネルヴァ書房

▶ 現場の声1
日本臨床心理身体運動学会　http://www.rinsinsin.jp/（2016年10月20日閲覧）
日本臨床心理士資格認定協会　http://fjcbcp.or.jp/（2016年10月20日閲覧）
日本スポーツ心理学会　http://www.jssp.jp/（2016年10月20日閲覧）
鈴木　壯（2012）．スポーツ臨床　12　認定スポーツカウンセラー　中込四郎・伊藤豊彦・山本裕

二（編著）　よくわかるスポーツ心理学（pp. 196-197）　ミネルヴァ書房

● 第3章

岩田淳子・奥野　光・佐藤　純・林潤一郎（2016）．2015年度学生相談機関に関する調査報告　学生相談研究, **36**(3), 209-262.

日本学生支援機構（2007）．大学における学生相談体制の充実方策について―「総合的な学生支援」と「専門的な学生相談」の「連携・協働」―

日本学生相談学会（2013）．学生相談機関ガイドライン

日本スポーツ振興センター（2014）．「デュアルキャリアに関する調査研究」報告書

日本スポーツ心理学会（編）（2016）．スポーツメンタルトレーニング教本（三訂版）　大修館書店

岡浩一朗・竹中晃二・松尾直子・堤　俊彦（1998）．大学生アスリートの日常・競技ストレッサー尺度の開発およびストレッサーの評価とメンタルヘルスの関係　体育学研究, **43**(5・6), 45-259.

Shimizu, S., Shimamoto, K., Kukidome, T., & Tsuchiya, H. (2016). Changes in Life Skills of Top College Athletes over Four Years and Its Relation to Career Outcomes. *International Journal of Sport and Health Science*, Vol. 14, 72-78. http://doi.org/10.5432/ijshs.201516

豊田則成・中込四郎（2000）．競技引退に伴って体験されるアスリートのアイデンティティ再体制化の検討　体育学研究, **45**(3), 315-332.

土屋裕睦（2006）．バーンアウト　日本体育学会（編）　最新スポーツ科学事典（pp. 741-743）　平凡社

土屋裕睦（2015）．大学運動部におけるスポーツカウンセリング　中込四郎・鈴木壮（編著）　スポーツカウンセリングの現場から ―アスリートがカウンセリングを受けるとき―（pp. 139-158）　道和書院

▶ 現場の声2

阿江美恵子（2000）．運動部指導者の暴力的行動の影響―社会的影響過程の観点から―　体育学研究, **45**(1), 89-103.

中込四郎（編著）（1994）．メンタルトレーニング・ワークブック　道和書院

中込四郎（編著）（1996）．イメージがみえる―スポーツ選手のメンタルトレーニング―　道和書院

土屋裕睦（2009）．大阪体育大学におけるメンタルサポートとスタッフの育成　臨床スポーツ医学　特集　アスリートのメンタルサポートをめぐって, **26**(6), 677-681.

土屋裕睦（2012）．ソーシャルサポートを活用したスポーツカウンセリング ―大学生アスリートのバーンアウト予防のためのチームビルディング―　風間書房

土屋裕睦（2014）．スポーツ指導における暴力根絶に向けて―ストレスマネジメント教育への期待―　ストレスマネジメント研究　特集：教育現場における「いじめ」と「体罰」の問題, **10**(2), 21-29.

土屋裕睦（2015）．運動部指導のためのコアカリキュラムの開発と新たな指導者資格制度の検討 ―体罰・暴力根絶のための提案―　体育学研究, **60**（Report）, R14_1-R14_6. http://doi.org/10.5432/jjpehss.60.R14

● 第4章

Brewer, B. W. (1994). Review and critique of models of psychological adjustment to athletic injury. *Journal of Applied Sport Psychology*, **6**, 87-100.

Brewer, B. W., Cornelius, A. E., Stephan, Y., & Van Raalte, J. (2010). Self-protective changes in athletic identity following anterior cruciate ligament reconstruction. *Psychology of Sport and Exercise*, **11**(1), 1-5.

Fujii, H. (2000). An Approach to Mind of Injured Athletes. *Sportsmedicine Quarterly*, **27**, 59-63.

藤井　均（2008a）．尽くすとはどういうことか①　月刊トレーニング・ジャーナル, **30**(3), 28-31.

藤井　均（2008b）．尽くすとはどういうことか②　月刊トレーニング・ジャーナル, **30**(5), 30-33.

久田　満（1987）．ソーシャルサポート研究の動向と今後の課題　看護研究，**20**(2), 170-179.
Hoar, S. & Flint, F. (2008). Determinants of help-seeking intentions in the context of athletic injury recovery. *International Journal of Sport & Exercise Psychology*, **6**(2), 157-175.
Holmes, T. H. & Rahe, R. H. (1969). The social readjustment rating scale. *Journal of Psychosomatic Research*, **11**, 213-218.
今井恭子（2008）．スポーツ傷害と回復における心理　日本スポーツ心理学会（編）　スポーツ心理学事典（pp. 423-426）　大修館書店
Jackson, D. W., Jarrett, H., Barley, D., Kausch, J., Swanson, J. J., & Powell, J. W. (1978). Injury prediction in the young athlete. *American Journal of Sport Medicine*, **6**, 6-14.
Johnson, J. E., Jutte, L. S., & Bell, R. J. (2012). Using sport psychology consultants, part I: Why is there a need? *Athletic training & Sport health Care*, **4**(1), 5-6.
Johnston, L. H. & Carroll, D. (1998). The provision of social support to injured athletes: A qualitative analysis. *Journal of Sport Rehabilitation*, **7**(4), 267-284.
岸本寛史（2005）．痛みとは何か　臨床心理学，5(4), 443-449.
Kübler-Ross, E. (Ed.) (1969). *On death and dying*. New York: Macmillan.
Levy, A. R., Polman, R. C., & Clough, P. (2008). Adherence to sport injury rehabilitation programs: an integrated psycho-social approach. *Scandinavian Journal of Medicine & Science in Sports*, **18**(6), 798-810.
McDonald, S. A. & Hardy, C. J. (1990). Affective response patterns of the injured athlete: An exploratory analysis. *The Sport Psychologist*, **4**, 261-274.
三輪紗都子・中込四郎（2004）．負傷競技者の体験する"痛み"の事例的研究　― Total Pain 概念による事例の分析を通して―　スポーツ心理学研究，**31**(2), 43-54.
中込四郎（2003）．スポーツ受傷者のこころと体の痛み　体育の科学，**53**(11), 856-860.
中込四郎（2004）．アスリートの心理臨床　道和書院
中込四郎・鈴木　壯（2017）．アスリートのこころの悩みと支援　―スポーツカウンセリングの実際―　誠信書房
中込四郎・上向貫志（1994）．スポーツ障害を起こした選手へのカウンセリング　Japanese Journal of Sports Sciences, 13(1), 3-8.
長岡由紀子（2011）．身体を象徴的に捉えることの限界と可能性　臨床心理身体運動学会，**13**(1), 31-51.
Ogilvie, B. & Tutko, T. (1966). *Problem Athletes and How to Handle Them*. Pelham Books, London.
岡浩一郎・竹中晃二・児玉昌久（1995）．スポーツ傷害発生に関わる心理社会的要因　スポーツ心理学研究，**22**(1), 40-55.
小此木啓吾（1979）．対象喪失　中公新書
Otto, B. (1991). Der leib als sichtbare seele. Dieter Breitsohl AG Zürich.（西村正身（訳）（1996）．象徴としての身体　青土社）
Pearson, L. & Jones, G. (1992). Emotional effect of sport injuries: Implication for physiotherapist. *Physiotherapy*, **78**(10), 762-770.
Quinn, A. M. & Fallon, B. J. (1999). The change in psychological characteristics and reactions of elite athletes from injury onset until full recovery. *Journal of Applied Sport Psychology*, **11**, 210-229.
鈴木　敦・中込四郎（2011）．スポーツ傷害におけるソーシャルサポート研究の動向と今後の課題　臨床心理身体運動学研究，**13**(1), 3-18.
鈴木　敦・中込四郎（2013a）．受傷アスリートのリハビリテーション過程におけるソーシャルサポート希求の変容　スポーツ心理学研究，**40**(2), 139-152.
鈴木　敦・中込四郎（2013b）．受傷アスリートのソーシャルサポート享受による傷害受容に至るまでの心理的変化　臨床心理身体運動学研究，**15**(1), 19-40.
鈴木　敦・中込四郎（2015）．相談事例における受傷アスリートのソーシャルサポート享受による対処行動の変容過程　臨床心理身体運動学研究，**17**(1), 37-47.
鈴木　壯（2004）．負傷（ケガ）・スランプの意味，それらへのアプローチ　臨床心理学，**4**(3), 313-137.
鈴木　壯（2012）．アスリートのこころの揺れ―身体が語るこころ―　山中康裕（監）　揺れる

魂の深層　こころとからだの臨床学（pp. 222-235）　創元社
辰巳智則・中込四郎（1999）．スポーツ選手における怪我の心理的受容に関する研究―アスレチックリハビリテーション行動の観点からみた分析―　スポーツ心理学研究，**26**(1), 46-57.
上向貫志（1997）．スポーツ傷害の心理学に関する研究展望　体育研究，**31**, 13-25.
上向貫志・中込四郎（1992）．スポーツ選手の負傷に対する情緒的反応とその変容　日本体育学会大会号，**43**, 204.
上向貫志・中込四郎・吉村　功（1994）．「負傷頻発選手」の心理的背景　筑波大学体育科学系紀要，**17**, 243-254.
Weiss, M. R. & Troxel, R. K. (1986). Psychology of injured athlete. *Athletic Training Summer*, **21**(2), 104-109.
Wiese-Bjornstal, D. M., Smith, A. M., Shaffer, S. M., & Morrey, M. A. (1998). An integrated model of response to sport injury: Psychological and sociological dynamics. *Journal of Applied Sport Psychology*, **10**(1), 46-69.
山中康裕（1985）．「症状」の象徴的な意味について　河合隼雄（編）　子どもと生きる（pp. 43-61）　創元社

▶ 現場の声3
藤井　均（2000）．アスレティックトレーナーと選手のかかわり方について　臨床スポーツ医学，**17**(10), 1276-1277.
鈴木　敦・中込四郎（2015）．相談事例における受傷アスリートのソーシャルサポート享受による対処行動の変容過程　臨床心理身体運動学研究，**17**(1), 37-47.

● 第5章
Baillie, P. H. F. & Danish, S. J. (1992). Understanding the career transition of athletes. *The Sport Psychologist*, **6**, 77-98.
Blann, F. W. (1985). Intercollegiate athletic competition and students' educational and career plans. *Journal of College Student Personnel*, **26**, 115-119.
Blinde, E. M. & Greendorfer, S. L. (1985). A reconceptualization of the process of leaving the role of competitive athlete. *International Review of Sport Sociology*, **20**, 87-94.
Coakley, J. J. (1983). Leaving competitive sport: Retirement or rebirth. *Quest*, **35**, 1-11.
Lazarus, R. S. & Folkman, S. (1984). *Stress, Appraisal, and Coping*. New York: Springer.
Martens, R. (1987). Coaches Guide to Sport Psychology. Human Kinetics, Champaign.
Ogilvie, B. C. & Howe, M. (1982). Career crisis in sport. In T. Orlick, J. T. Partington, & J. H. Salmela (Eds.), *Proceedings of the Fifth World Congress of Sport Psychology* (pp. 176-183). Ottawa, Canada: Coaching Association of Canada.
Selye, H. (1956). *The stress of life*. New York, NY, US: McGraw-Hill.
Svoboda, B. & Vanek, M. (1982). Retirement from high level competition. In T. Orlick, J. T. Partington, & J. H. Salmela (Eds.), *Proceedings of the Fifth World Congress of Sport Psychology* (pp. 166-175). Ottawa, Canada: Coaching Association of Canada.
Taylor, J. & Ogilvie, B. C. (1998). Career transition among elite athletes: Is there life after sports? In J. M. Williams (Ed.), *Applied sport psychology: Personal growth to peak performance*. (pp. 429-444) Mountain View, CA: Mayfield.
Werthner, P. & Orlick T. (1986). Retirement experiences of successful Olympic athletes. *International Journal of Sport Psychology*, **17**, 337-363.

● 第6章
土肥美智子（編）（2015）．臨床スポーツ医学　特集　女性スポーツを現場から多角的に捉える，**32**(6).
江田香織・中込四郎（2009）．アスリートの相談事例にみられる「自己形成」の特徴臨床心理身体運動学研究，**11**, 17-27.
堀　正士・佐々木恵美（2005）．大学生スポーツ競技者における精神障害　スポーツ精神医学，**2**,

41-48.
Junge, A. & Feddermann-Demont, N. (2016). Prevalence of depression and anxiety in top-level male and female football players. *BMJ Open Sport & Exercise Medicine*, **2**(1): e000087.
河合隼雄（1986）．こころの処方箋　新曜社
国立スポーツ科学センター（2012）．国立スポーツ科学センター年報 2011
国立スポーツ科学センター（2013）．国立スポーツ科学センター年報 2012
国立スポーツ科学センター（2014）．国立スポーツ科学センター年報 2013
国立スポーツ科学センター（2015）．国立スポーツ科学センター年報 2014
国立スポーツ科学センター（2016a）．「実態に即した女性アスリート支援のための調査研究」報告書　平成 27 年度スポーツ庁委託事業　女性アスリート育成・支援プロジェクト　女性アスリートの戦略的強化に向けた調査研究
国立スポーツ科学センター（2016b）．国立スポーツ科学センター年報 2015
国立スポーツ科学センター（2017）．国立スポーツ科学センター年報
中込四郎（2017）．後年カウンセリングルームを訪れるアスリート　中込四郎・鈴木　壯（著）アスリートのこころの悩みと支援（p. 138-170）　誠信書房
能瀬さやか・中村真理子・石井美子・須永美歌子・小清水孝子（2017）．Health management for female athletes —女性アスリートのための月経対策ハンドブック—　日本スポーツ振興センター・国立スポーツ科学センター
Pierce, R. (1969). Athletes in psychiatry: how many, how come? *Journal of American Coll4ge Health*, **37**, 218-226.
Prinz, B., Dvořák, J., & Junge, A. (2016). Symptoms and risk factors of depression during and after the football career of elite female players. BMJ Open Sport & Exercise Medicine, **2**: e000124.

● 第 7 章
相田　潤・近藤克則（2014）．ソーシャル・キャピタルと健康格差　医療と社会，**24**，57-74.
Arai, H. (2014). Relationships between self-efficacy and collective efficacy at the family/community level and mental health among families of Special Olympics athletes. *International Journal of Sport and Health Science*, **12**, 11-16.
荒井弘和（2016）．行動変容技法　日本スポーツ心理学会（編）　スポーツメンタルトレーニング教本（pp. 78-82）　大修館書店
荒井弘和・青柳健隆・日比千里（2013）．大学生陸上競技選手を対象とした一体感向上のための短期ワークショップ型ファシリテーションプログラムの効果　スポーツ産業学研究，**23**，101-106.
Arai, H., Nagatsuka, M., & Hirai, K. (2008). The relationship between regular exercise and social capital among Japanese community residents. *International Journal of Sport and Health Science*, **6**, 188-193.
荒井弘和・中原　純・塩崎麻里子・藤田綾子（2016）．中高年期・高齢期を対象とした夫婦関係における効力感と主観的幸福感との関連　老年精神医学雑誌，**27**，92-96.
荒井弘和・竹中晃二・岡浩一朗（2004）．認知的方略を用いた一過性運動に対する感情反応　行動医学研究，**10**，59-65.
荒井弘和・堤　俊彦（2007）．一過性のウォーキングに伴う感情の変化とウォーキングに伴う感情を規定する認知的要因　行動医学研究，**13**，6-13.
Arnold, R. & Sarkar, M. (2014). Preparing athletes and teams for the Olympic Games: Experiences and lessons learned from the world's best sport psychologists. *International Journal of Sport and Exercise Psychology*, **13**(1), 4-20.
Bandura, A. (1977). Self-efficacy: Toward a unifying theory of behavior change. *Psychological Review*, **84**, 191-215.
Barwood, M. J., Thelwell, R. C., & Tipton, M. J. (2008). Psychological skills training improves exercise performance in the heat. *Medicine and Science in Sports and Exercise*, **40**, 387-396.
Bauman, A. E., Reis, R. S., Sallis, J. F., Wells, J. C., Loos, R. J., & Martin, B. W.; Lancet Physical Activity Series Working Group (2012). Correlates of physical activity: Why are some people

physically active and others not? *Lancet*, **380**, 258-271.

Biddle, S. J. & Asare, M. (2011). Physical activity and mental health in children and adolescents: A review of reviews. *British Journal of Sports Medicine*, **45**(11), 886-895.

Brown, D. J. & Fletcher, D. (2017). Effects of Psychological and Psychosocial Interventions on Sport Performance: A Meta-Analysis. *Sports Medicine*, 47(1), 77-99.

Burton, J. P., Hoobler, J. M., & Scheuer, M. L. (2012). Supervisor Workplace Stress and Abusive Supervision: The Buffering Effect of Exercise. *Journal of Business and Psychology*, **27**, 271-279.

Cooney, G. M., Dwan, K., Greig, C. A., Lawlor, D. A., Rimer, J., Waugh, F. R., McMurdo, M., & Mead, G. E. (2013). Exercise for depression. *Cochrane Database of Systematic Reviews*, (9), CD004366.

Elsborg, P., Diment, G. M., & Elbe, A -M. (2015). Sport Psychology Consultants' Perceptions of Their Challenges at the London 2012 Olympic Games. *The Sport Psychologist*, **29**, 183-195.

Estabrooks, P. A., Smith-Ray, R. L., Almeida, F. A., Hill, J., Gonzales, M., Schreiner, P., & Van Den Berg, R. (2011). Move More: Translating an efficacious group dynamics physical activity intervention into effective clinical practice. *International Journal of Sport and Exercise Psychology*, **9**, 4-18.

Giacobbi Jr., P. R., Buman, M. P., Dzierzewski, J., Aiken-Morgan, A. T., Roberts, B., Marsiske, M., Knutson, N., & McCrae, C. S. (2014). Content and perceived utility of mental imagery by older adults in a peer-delivered physical activity intervention. *Journal of Applied Sport Psychology*, **26**, 129-143.

日比千里・青柳健隆・荒井弘和・守屋志保・岡浩一朗（2015）．競技スポーツの試合場面における円陣行動に対する実践者の認識―大学女子バスケットボールチームを事例として― スポーツ産業学研究, **25**, 11-24.

Hillsdon, M., Foster, C., & Thorogood, M. (2005). Interventions for promoting physical activity. *Cochrane Database of Systematic Reviews*, (1), CD003180.

平井 啓（2008）．がん医療 鈴木伸一（編著） 医療心理学の新展開―チーム医療に活かす心理学の最前線―（pp. 20-32） 北大路書房

石川善樹（2014）．行動変容テクニックの標準化に関する国際的な動向について 行動医学研究, **20**, 41-46.

Kai, Y., Nagamatsu, T., Kitabatake, Y., & Sensui, H. (2016). Effects of stretching on menopausal and depressive symptoms in middle-aged women: A randomized controlled trial. *Menopause*, **23**, 827-832.

金森 悟・中村研吾・甲斐裕子・川又華代・楠本真理・福田 洋（2014）．企業内の健康推進員，産業看護職，外部の運動の専門職が連携した体操教室の実践 日本健康教育学会誌, **22**(3), 225-234.

Kirsch, I., Deacon, B. J., Huedo-Medina, T. B., Scoboria, A., Moore, T. J., & Johnson, B. T. (2008). Initial severity and antidepressant benefits: a meta-analysis of data submitted to the Food and Drug Administration. *PLOS Medicine*, **5**, e45.

Kolovelonisa, A., Goudas, M., & Dermitzaki, I. (2011). The effects of instructional and motivational self-talk on students' motor task performance in physical education. *Psychology of Sport and Exercise*, **12**, 153-158.

厚生労働省（2014）．平成 26 年版厚生労働白書 http://www.mhlw.go.jp/wp/hakusyo/kousei/14/（2016 年 10 月 14 日閲覧）

Leahey, T. M., Crane, M. M., Pinto, A. M., Weinberg, B., Kumar, R., & Wing, R. R. (2010). Effect of teammates on changes in physical activity in a statewide campaign. *Preventive Medicine*, **51**, 45-49.

Lee, I. M., Shiroma, E. J., Lobelo, F., Puska, P., Blair, S. N., & Katzmarzyk, P. T.; Lancet Physical Activity Series Working Group. (2012). Effect of physical inactivity on major non-communicable diseases worldwide: An analysis of burden of disease and life expectancy. *Lancet*, **380** (9838), 219-229.

Lubans, D. R., Plotnikoff, R. C., & Lubans, N. J. (2012). Review: A systematic review of the impact of physical activity programmes on social and emotional well-being in at-risk youth. *Child and Adolescent Mental Health*, **17**(1), 2-13.

Michie, S., Abraham, C., Whittington, C., McAteer, J., & Gupta, S. (2009). Effective techniques in healthy eating and physical activity interventions: A meta-regression. *Health Psychology*, **28**, 690-701.

Michie, S., Richardson, M., Johnston, M., Abraham, C., Francis, J., Hardeman, W., Eccles, M. P., Cane, J., & Wood, C. E. (2013). The behavior change technique taxonomy (v1) of 93 hierarchically clustered techniques: building an international consensus for the reporting of behavior change interventions. *Annals of Behavioral Medicine*, **46**, 81-95.

中込四郎 (2014). スポーツカウンセリングの課題と展望 体育の科学, **64**, 37-41.

日本オリンピック委員会国際専門部会 (訳・編) (2016). オリンピック憲章

大平誠也・荒井弘和・信國満徳 (2005). 心地よい走運動中に用いる認知的方略の違いが児童の感情に与える影響 体育の科学, **55**, 955-960.

Putnam, R. (1993). *Making democracy work: Civic traditions in modern Italy*. New Jersey: Princeton University Press.

Rethorst, C. D., Wipfli, B. M., & Landers, D. M. (2009). The antidepressive effects of exercise: A meta-analysis of randomized trials. *Sports Medicine*, **36**, 491-511.

Richards, J., Hillsdon, M., Thorogood, M., & Foster, C. (2013). Face-to-face interventions for promoting physical activity. *Cochrane Database of Systematic Reviews*, (9), CD010392.

Schinke, R. J., Stambulova, N. R., Lidor, R., Papaioannou, A., & Ryba, T. V. (2015). ISSP position stand: Social missions through sport and exercise psychology. *International Journal of Sport and Exercise Psychology*, **14**(1), 4-22.

Sjøgaard, G., Christensen, J. R., Justesen, J. B., Murray, M., Dalager, T., Fredslund, G. H., & Søgaard, K. (2016). Exercise is more than medicine: The working age population's well-being and productivity. *Journal of Sport and Health Science*, **5**(2), 159-165.

Spink, K. S., Ulvick, J. D., Crozier, A. J., & Wilson, K. S. (2014). Group cohesion and adherence in unstructured exercise groups. *Psychology of Sport and exercise*, **15**, 293-298.

Stanley, D. M. & Cumming, J. (2010). Not just how one feels, but what one images? The effects of imagery use on affective responses to moderate exercise. *Journal of Sport and Exercise Psychology*, **8**, 343-359.

鈴木伸一 (2008). チーム医療を基盤としたメンタルケアの展開 鈴木伸一 (編著) 医療心理学の新展開 ―チーム医療に活かす心理学の最前線― (pp. 7-18) 北大路書房

鈴木伸一 (2009). 先端医療への支援活動と心理学 丹野義彦・利島 保 (編) 医療心理学を学ぶ人のために (pp. 131-145) 世界思想社

立谷泰久 (2014). オリンピック選手の心理サポート，メダル獲得後のプレッシャー 臨床スポーツ医学, **31**, 996-1000.

高井和夫 (2000). 長距離走者の認知的方略 体育の科学, **50**, 38-44.

Teychenne, M., Ball, K., & Salmon, J. (2008). Physical activity and likelihood of depression in adults: a review. *Preventive Medicine*, **46**, 397-411.

Watson, J. C., Clementa, D., Blom, L. C., & Grindley, E. (2009). Mentoring: Processes and perceptions of sport and exercise psychology graduate students. *Journal of Applied Sport Psychology*, **21**, 231-246.

Yamada, K., Arai, H., Nakazawa, T., Kawata, Y., Kamimura, A., & Hirosawa, M. (2013). A study of the unity of sports teams: Development of a scale and examination of related factors. *Journal of Physical Education and Sport*, **13**, 489-497.

▶ 現場の声4

楠本真理 (2013). 組織のアセスメントから，職場に合わせたアプローチ 産業看護, **5**(6), 521-526.

▶ 現場の声5
荒井弘和・原田和弘・平井　啓・所　昭宏（2012）．肺がん患者への身体活動支援の実際　体育の科学，**62**，125-129．
Arai, H., Hirai, K., Harada, K., & Tokoro, A. (2010). Physical activity and psychological adjustment in Japanese advanced lung cancer patients in chemotherapy: A feasibility study. *International Journal of Sport and Health Science*, **8**, 15-21.
原田和弘・平井　啓・荒井弘和・所　昭宏（2013）．化学療法を施行中の進行肺がん患者における身体活動に対する自律性とセルフ・エフィカシー　行動医学研究，**19**，17-24．
Schinke, R. J., Stambulova, N. R., Lidor, R., Papaioannou, A., & Ryba, T. V. (2015). ISSP position stand: Social missions through sport and exercise psychology. *International Journal of Sport and Exercise Psychology*, **14**(1), 4-22.

● 第8章
浅田剛正・平松朋子（2007）．集団活動における心理臨床的視点について―心理臨床における個と集団―（pp. 226-236）　創元社
土居健郎（1992）．方法としての面接　―臨床家のために―　医学書院
Ewert, A. W., McCormick, B. P., & Voight, A. E. (2001) Outdoor experiential therapies: Implication for TR practice. *Therapeutic Recreation Journal*, **35**(2), 107-122.
飯田　稔・坂本昭裕・石川国広（1990）．登校拒否中学生における冒険キャンプの効果　筑波大学体育科学系紀要，**13**，81-90．
日本野外教育研究会（編）（1989）．キャンプテキスト　杏林書院
文部科学省（2015）．登校児童生徒への支援に関する中間報告　不登校に関する調査研究協力者会議
奥山　洌・諫山邦子・加藤敏之・齊藤詔司・菊池和孝・森　敏幸（1999）．キャンプ経験が不登校生徒に与える心理的影響　野外教育研究 3(1)（pp. 25-36）
坂本昭裕（2000）．キャンプを利用したセラピー　キャンプの知（pp. 101-116）　勉誠出版
坂本昭裕（2008a）．治療的キャンプ　スポーツ心理学辞典（pp. 637-639）　大修館書店
坂本昭裕（2008b）．悩みを抱える青少年を対象とした自然体験プログラムの心理臨床学的効果に関する研究　平成16～19年度科学研究費補助金研究成果報告書
Zelov, R., Tucker, A. R., & Javorski, A. E. (2013). A New Phase for the NATSAP PRN: Post-Discharge Reporting and Transition to Network Wide Utilization of the Y-OQ 2.0, *Journal of Therapeutic Schools & Programs*, VI, 7-19.

● 第9章
阿部茂明・野井真吾・中島綾子・下里彩香・鹿野晶子・七戸　藍・正木健雄（2011）．子どもの"からだのおかしさ"に関する保育・教育現場の実感　―「子どものからだの調査2010」結果を基に―　日本体育大学紀要，**41**(1)，65-85．
ベネッセ総合教育研究所（2016）．第5回幼児の生活アンケート
藤田省三（2003）．或る喪失の経験　―隠れん坊の精神史―　精神史的考察　（平凡社ライブラリー）（pp. 9-46）　平凡社
Gallahue, D. L. (1993). Developmental physical education for today's children.（杉原　隆（監訳）(1999)．幼少年期の体育―発達的視点からのアプローチ―　大修館書店）
本郷一夫・澤江幸則・鈴木智子・小泉嘉子・飯島典子（2003）．保育所における「気になる」子どもの行動特徴と保育者の対応に関する調査研究　発達障害研究，**25**，50-61．
岩田直人・春田晃章（2010）．子どもの活動量から見た各種伝承遊びの特性　岐阜大学教育学部研究報告（自然科学），**34**，123-127．
厚生労働省（1999）．保育所保育指針
久保山茂樹・齊藤由美子・西牧健吾・當島茂登・藤井茂樹・滝川国芳（2009）．「気になる子ども」「気になる保護者」についての保育者の意識と対応に関する調査―幼稚園・保育所への機関支援で踏まえるべき視点の提言―　国立特別支援教育総合研究所研究紀要 **36**，55-76．
文部科学省（1999）．幼稚園教育要領

文部科学省（2012）．幼児期運動指針
文部科学省（2015）．平成 26 年度体力・運動能力調査結果報告書
森　司朗・杉原　隆・吉田伊津美・筒井清次郎・鈴木康弘・中本浩揮（2011）　幼児の運動能力における時代推移と発達促進のための実践的介入　平成 20〜22 年度文部科学省科学研究費補助金（基盤研究 B）　研究成果報告書
中込四郎・奥田愛子（2014）．原風景から見た幼少期の身体経験の持つ意味　澤江幸則他（編著）　身体性コンピテンスと未来の子どもの育ち（pp. 90-116）　明石書店
Nakagomi, S., Okuda, A., & Suzuki, A.（2011）．A Preliminary study on characteristic of athletes' proto-sceneris. 6th ASPASP International Congress, Taipei.
中村和彦・武長理栄・川路昌寛・川添公仁・篠原俊明・山本敏之・山縣然太朗・宮丸凱史（2011）．観察的評価法による幼児の基本的な動作様式の発達　発育発達研究，**51**，1-18
奥田愛子（2009）．スポーツ原体験の検討　びわこ学院大学・びわこ学院大学短期大学部研究紀要，**1**，67-71.
奥田愛子・中込四郎（2015）．後年の競技への態度や意欲における自伝的記憶の連続性　――卵性双生児アスリートの事例――　びわこ学院大学・びわこ学院大学短期大学部紀要，**7**，89-97.
奥田愛子・中込四郎・鈴木　敦（2014）．トップアスリートの自伝本から「原風景」を読む　びわこ学院大学・びわこ学院大学短期大学部紀要，**6**，69-78.
奥田愛子・谷　君江・浅田昇平（2010）．子どもの頃の遊び体験についての調査　―遊び場や原体験との関わり―　びわこ学院大学・びわこ学院大学短期大学部研究紀要，**2**，61-70.
西條修光・寺沢宏次・正木健雄（1984）．幼児における大脳活動の発達　―高次神経活動の型から―　日本体育大学紀要，**14**(1)，25-30.
佐藤浩一・越智啓太・下島裕美（編著）（2008）．自伝的記憶の心理学　北大路書房
仙田　満（1992）．子どもとあそび　―環境建築家の眼―　岩波新書
嶋崎博嗣（2006）．健康保育の実践　奥田援史・嶋﨑博嗣・足立　正（編著）　健康保育の科学　みらい
体育科学センター調整力専門委員会（1980）．幼稚園における体育カリキュラムの作成に関する研究, I, カリキュラムの基本的な考え方と予備調査の結果について　体育科学，**8**，150-155.
田中沙織（2009）．幼児の運動能力と基本的運動動作に関する研究　―自由遊びに見る運動能力別の基本的運動動作比較の試み―　幼年教育研究所年報，**31**，83-88.
辻井正次・宮原資英（1999）．子どもの不器用さ　―その影響と発達の援助―　ブレーン出版
山名裕子・井上智義（2009）．幼児期の記憶をいかす指導法に関する探索的研究（2）　―エピソード場面と保育者の存在の関連から―　日本教育心理学会第 51 回総会発表論文集，638.
山名裕子・井上智義（2010）．大学生における幼児期の記憶　―幼児期の記憶をいかす指導法に関する探索的研究として―　秋田大学教育文化学部教育実践研究紀要，**32**，87-94.
山名裕子・奥山順子（2014）．幼児期の記憶と保育体験（1）　―自伝的記憶の視点から―　秋田大学教育文化学部研究紀要教育科学部門，**69**，105-110.
吉田伊津美・杉原　隆・森　司朗（2004）．保育形態および運動指導が幼児の運動能力に及ぼす影響　日本保育学会大会発表論文集，526-527.

人名索引

●A
阿部茂明　129
阿江美恵子　43
Antonelli, F.　5
荒井弘和　90, 94, 95, 104
浅田剛正　119
Asare, M.　94

●B
Baillie, P. H. F.　72
Bandura, A.　91
Barwood, M. J.　93
Bauman, A. E.　91
Biddle, S. J.　94
Brown, D. J.　89
Burton, J. P.　97

●D
Danish, S, J.　72
土肥美智子　75
土居健郎　115

●E
江田香織　85

●F
Feddermann-Demont, N.　81
Fletcher, D.　89
Folkman, S.　69
藤井　均　49, 62
藤永　保　3
藤田　厚　iii, 5
藤田省三　137

●G
Gallahue, D. L.　130
Griffith, C.　iii

●H
平松朋子　119
Holmes, T. H.　50
本郷一夫　133
堀　正士　83
Howe, M.　72

●I
猪俣公宏　iii

●J
Junge, A.　81

●K
加賀秀夫　1
甲斐裕子　97
Kanner, L.　55

河合隼雄　86
Kübler-Ross, E.　53
久保山茂樹　133

●L
Lazarus, R. S.　69

●M
Martens, R.　65
松田岩男　iii, 5
松井三雄　iii
三輪紗都子　56
村上洋子　87

●N
長岡由紀子　56
中込四郎　19, 47, 51, 53, 56, 58, 85, 135
日本学生支援機構　36
能瀬さやか　82

●O
Ogilvie, B.　56
Ogilvie, B. C.　72
岡浩一郎　51
小此木啓吾　53
奥田愛子　134, 135
Orlick, T.　72
Otto, B.　56

●P
Pierce, R.　82
Prinz, B.　80

●R
Rahe, R. H.　50

●S
坂本昭裕　111, 112, 120
佐々木恵美　83
佐藤浩一　135
Saunders, C.　56
Schinke, R. J.　90
Selye, H.　68
仙田　満　140
嶋崎博嗣　137
Singer, R.　5
杉原　隆　2, 130
鈴木　壯　19, 55
鈴木　敦　51, 58

●T
立谷泰久　19, 100
高井和夫　94
田中ウルヴェ京　71

157

田中沙織　　131
辰巳智則　　53
豊田則成　　42
円谷幸吉　　28
土屋裕睦　　38, 47
Tutko, T.　　56

●U
上向貫志　　51

●W
Werthner, P.　　72
Wiese-Bjornstal, D. M.　　51, 54

●Y
吉田伊津美　　142

●Z
Zelov, R.　　111

事項索引

●あ
アイデンティティ再体制化　42
あがり　38
あがり対策　v
アジア南太平洋国際スポーツ心理学会　6
遊び空間　140
アドベンチャープログラム　111
アブセンティズム　96

●い
一次的評価　69
一卵性双生児アスリート　135
イップス　38
異年齢交流　142
医療現場　98
インテークカンファレンス　21
インテーク面接　21
インテグリティ　39

●う
宇宙飛行士　iii
運動感覚　131
運動習慣　95
運動心理学　2

●え
AO入試　34
SMT（スポーツメンタルトレーニング）指導士　iv, 21, 30
NTC　16

●お
大阪体育大学スポーツカウンセリングルーム　45
オリンピック憲章　89

●か
科学的知識をもった実践者　44
学生支援サービス　46
学生相談室　36
学校運動部活動　4
がん医療　104
がん患者のリハビリテーション支援　104
関係性　117
関与しながらの観察　120

●き
企業研修　67
気になる子ども　133
木の話　24
基本的動作　131
キャンプカウンセラー　108
キャンプカウンセラーの知識・技術　113
キャンプカウンセリング　112
キャンププログラムの評価　120
旧東京教育大学体育心理学研究室　129
教育的スポーツ心理学　65
競技引退　42
競技状況への過剰適応　85
共体験　119
極限状態　70
局所性ジストニア　39

●く
車椅子バスケットボール　71

●け
経験の胎盤　137
ゲーム世代　141
結果志向的雰囲気　137
研究のフィールド　11
健康運動心理学　2
健康づくり　89, 96
「健康」領域　128
言語的説得　91
原風景　134

●こ
更年期女性　97
コーディネーター　99
コーピング　69
コーピングトレーニングプログラム　70
国際競技力向上　17
国際サッカー連盟　75
国際スポーツ心理学会　1
国立スポーツ科学センター　9, 16
こころの不器用さ　133
個とグループ　117
子どものこころの発達と支援　138
子どもの不器用さ　132
個別コンサルティング事業　67
個別（1対1）のサポート　21
コンサルタント　99

●さ
サポートスタッフ　25
3K　140
サンマ　140

●し
自我同一性の確立　35
自国開催　18
自己充足感のなさ　85
自己信頼感の不足　85
JISS　9, 16
私設開業　65
自然環境に関する知識・技術　114

159

自然の実験室　3
実力未発揮　38
自伝的記憶　134
指導者要請への貢献　43
社会的健康　95
社会的な痛み　57
自由遊び　131
受傷アスリート　49
受傷アスリートの心理相談　60
受傷アスリートの情緒的変容　52
主訴　21
主体性の欠如　85
主体的な解決　118
受理会議　21
受理面接　21
症状論　55
女性アスリート　75
女性アスリートが抱える課題および求める支援　77
女性アスリートの育成・支援プロジェクト　75
女性アスリートの実態調査　76
女性アスリートの来談の特徴　83
女性アスリートの心理支援　75
女性トップアスリート　80
事例検討会　26
神経性大食症　41
神経性無食欲症　41
心性　19
身体的な痛み　57
新入部員サポートプログラム　47
シンポジウム　6
心理グループ　17
心理講習会　22
心理サポート　17, 49
心理サポート活動　37
心理サポートに関する資格　30
心理治療的キャンプ　108
心理治療的キャンプの事例　108
心理的自己統制能力　iv
心理的成長　55
心理的な痛み　57

●す
遂行行動の達成　91
ストレスコーピング方略　68
スピリチュアルな痛み　57
スポーツカウンセリングルーム　36
スポーツ原体験　134
スポーツ障害　40
スポーツ傷害　49
スポーツ心理学　2
スポーツ心理学研究の動向　6
スポーツ心理学事典　2
スポーツ心理学の独自性　3
スポーツ心理学の歴史　1
スポーツ推薦入試　34
スポーツメンタルトレーニング指導士　iv, 21, 30

スランプ　38

●せ
精神的健康　94
性同一性障害　37, 41
青年期の発達課題　35
生理的・情動的状態　91
世界保健機関　90
セカンドかキャリア支援　42
摂食障害　41
セルフ・エフィカシー　91
セルフモニタリング　92
禅十牛図　12
全身運動　133

●そ
ソーシャル・キャピタル　95
ソーシャルサポート　40, 58
組織キャンプ　107
粗大運動　133

●た
体育学部　4
体育系大学　33
体育心理学　2, 4
体育心理学専門領域　4
大学生アスリート　33
対象喪失　53
代表チームの構成例　26
代理的経験　91
体力・運動能力　129
単一次元の人間　73

●ち
チーム医療　98, 104
チーム帯同のサポート　25
チームの一員　99
チームビルディング　48, 92

●て
DCD　131
ディストレス　68
手先の操作　133

●と
東京オリンピック・パラリンピック　iv, 28
トータルペイン　56
トップアスリート　15
トップアスリートの心理サポート　18
トップアスリートのストレスコーピング方略　69
トラブルメーカー　116

●な
ナショナルトレーニングセンター　16

●に
二極化　129, 141

二次的評価　69
日常・競技ストレッサー　34
日本スポーツ心理学会　4
日本スポーツ心理学会大会　6
日本体育学会　4
日本野外教育研究会　107
認知的方略　94
認定こども園　127
認定スポーツカウンセラー　iv, 21, 31

●は
パーソナリティの特徴　19
バーンアウト　40
ハイパフォーマンスサポート事業　27
ハイパフォーマンスの拠点　15
発達協調性運動障害　133
発達障害　108
ハラスメント　43
パラリンピック選手の心理サポート　27

●ひ
微細運動　133
美ポジ®体操　103
描画法　115

●ふ
FIFA　75
風景構成法　115, 123
負傷頻発選手　51
古くて新しいテーマ　13
プレゼンティズム　96

●へ
ヘルシーマイレージ合戦　102

●ほ
保育者養成　143
保育所　127
保育所保育指針　127
暴力　43

●ま
マインドフルネス　12

窓口　99
学び志向的雰囲気　138
マルチサポート事業　22

●み
未来のスポーツ心理学者へ　105

●む
無意識的動機　56

●め
メンタルトレーニング技法　22
メンタルトレーニング講習会　22
メンタルトレーニング講習会　47
メンタルマネジメントプロジェクト　12

●も
燃え尽き現象　40

●ゆ
ユーストレス　69

●よ
幼児期運動指針　136
幼児教育　127
幼稚園　127
幼稚園教育要領　127, 132

●ら
来談への抵抗　82

●り
リスクマネジメント　114
リハビリテーション過程　50
臨死5段階モデル　53
臨床　11
臨床心理士　22, 31
臨床スポーツ心理学　11
臨床的スポーツ心理学　65

●わ
Y-OQ　120

シリーズ監修者

太田信夫（筑波大学名誉教授・東京福祉大学教授）

執筆者一覧 (執筆順)

中込　四郎	（編者）	はじめに，第1章，第6章，付録
立谷　泰久	（国立スポーツ科学センター）	第2章，現場の声1
土屋　裕睦	（大阪体育大学）	第3章，現場の声2
鈴木　敦	（国立スポーツ科学センター）	第4章，現場の声3
田中ウルヴェ京	（株式会社ポリゴン）	第5章
村上　洋子	（国立スポーツ科学センター）	第6章
土肥美智子	（国立スポーツ科学センター）	第6章
荒井　弘和	（法政大学）	第7章，現場の声4・5
坂本　昭裕	（筑波大学）	第8章
奥田　愛子	（びわこ学院大学）	第9章

取材協力

楠本真理　（産業保健師）　現場の声4

【監修者紹介】

太田信夫（おおた・のぶお）

1971 年　名古屋大学大学院教育学研究科博士課程単位取得満了
現　在　筑波大学名誉教授，東京福祉大学教授，教育学博士（名古屋大学）

【主著】
　記憶の心理学と現代社会（編著）　有斐閣　2006 年
　記憶の心理学（編著）　ＮＨＫ出版　2008 年
　記憶の生涯発達心理学（編著）　北大路書房　2008 年
　認知心理学：知のメカニズムの探究（共著）　培風館　2011 年
　現代の認知心理学【全 7 巻】（編者代表）　北大路書房　2011 年
　Memory and Aging（共編著）　Psychology Press　2012 年
　Dementia and Memory（共編著）　Psychology Press　2014 年

【編者紹介】

中込四郎（なかごみ・しろう）

1977 年　東京教育大学大学院体育学研究科修士課程修了
現　在　筑波大学名誉教授・国士舘大学体育学部特任教授，博士（体育科学）

【主著】
　危機と人格形成　道和書院　1993 年
　アスリートの心理臨床　道和書院　2004 年
　よくわかるスポーツ心理学（編著）　ミネルヴァ書房　2012 年
　臨床スポーツ心理学　道和書院　2013 年
　スポーツカウンセリングの現場から（編著）　道和書院　2015 年
　運動と情動（編著）　朝倉書店　2016 年
　アスリートの心の悩みと支援（共著）　誠信書房　2017 年

シリーズ心理学と仕事 13　スポーツ心理学

2018年2月10日	初版第1刷印刷
2018年2月20日	初版第1刷発行

定価はカバーに表示
してあります。

監修者　太田信夫
編　者　中込四郎
発行所　（株）北大路書房

〒603-8303　京都市北区紫野十二坊町 12-8
電　話（075）431-0361（代）
FAX（075）431-9393
振替　01050-4-2083

©2018

イラスト／田中へこ
印刷・製本／創栄図書印刷（株）
検印省略　落丁・乱丁本はお取り替えいたします。
ISBN978-4-7628-3008-2　Printed in Japan

・ JCOPY 〈(社)出版者著作権管理機構 委託出版物〉
本書の無断複写は著作権法上での例外を除き禁じられています。
複写される場合は，そのつど事前に，(社)出版者著作権管理機構
（電話 03-3513-6969,FAX 03-3513-6979,e-mail: info@jcopy.or.jp）
の許諾を得てください。